# DOCUMENTOS DA CNBB - 55

CB056681

CONFERÊNCIA NACIONAL DOS BISPOS DO BRASIL

# FORMAÇÃO DOS PRESBÍTEROS da Igreja no Brasil

*– diretrizes básicas –*

Paulinas

5ª edição - 2008

Nenhuma parte desta obra poderá ser reproduzida ou transmitida por qualquer forma e/ou quaisquer meios (eletrônico ou mecânico, incluindo fotocópia e gravação) ou arquivada em qualquer sistema ou banco de dados sem permissão escrita da Editora. Direitos reservados.

**Paulinas**
Rua Pedro de Toledo, 164
04039-000 - São Paulo - SP (Brasil)
Tel.: (11) 2125-3549 - Fax.: (11) 2125-3548
http://www.paulinas.org.br - editora@paulinas.com.br
Telemarketing e SAC: 0800-7010081

© Pia Sociedade Filhas de São Paulo - São Paulo, 1995

## DIRETRIZES BÁSICAS DA FORMAÇÃO DOS PRESBÍTEROS DA IGREJA NO BRASIL

*A Conferência Nacional dos Bispos do Brasil, tendo em conta as exigências do momento atual, os recentes Documentos do Magistério sobre a formação dos futuros sacerdotes e, especialmente, as orientações da Exortação Pós-sinodal Pastores Dabo Vobis do Papa João Paulo II, empreendeu a importante tarefa de revisar e atualizar as* ***Diretrizes Básicas da Formação dos Presbíteros da Igreja no Brasil.***

*Ao colocar estas Diretrizes nas mãos dos formadores dos seminaristas, a Conferência oferece orientação segura na formação integral de ministros convictos e fervorosos da Nova Evangelização.*

DECRETO N. 02/95

Considerando que:

a) A 32ª Assembléia Geral da CNBB, em 1994, após acurada preparação e atenta discussão, aprovou por unanimidade o novo texto das **Diretrizes Básicas da Formação dos Presbíteros da Igreja no Brasil;**

b) A Congregação da Educação Católica, a 10 de maio de 1995, (Prot. N. 1897/65/BRA), aprovou as ditas Diretrizes Básicas, com algumas modificações que já estão inseridas no texto a publicar;

c) As citadas **Diretrizes** na sua parte normativa têm força de lei particular para a Igreja no Brasil;

d) Compete ao Presidente da CNBB promulgar os textos oficiais desta, nos termos do Estatuto Canônico (Art. 22 c).

DECRETO:

1. Ficam promulgadas as referidas **Diretrizes Básicas,** com sua publicação no **Comunicado Mensal da CNBB;**

2. Elas passarão a vigorar obrigatoriamente, a partir de 01 de agosto de 1995.

Brasília - DF, 6 de junho de 1995

† Lucas, Card. Moreira Neves
Presidente da CNBB

† Raymundo Damasceno Assis
Secretário Geral da CNBB

**CONGREGATIO PRO INSTITUTIONE CATHOLICA**
**N. 1897/65/BRA**

## DECRETUM

Cum approbatio "Rationi Institutionis Sacerdotalis" brasiliensi (vulgo "Formação dos Presbíteros na Igreja do Brasil — diretrizes básicas —") d.d. XII m. Iulii a.D. MCMLXXXIV a Congregatione de Institutione Catholica "ad sexennium" concessa aliquot abhinc annos exspirata sit, Conferentia Episcopalis eiusdem nationis opportunam Synodi Episcoporum a. MCMXC et subsequentis Exhortationis Apostolicae *Pastores dabo vobis,* necnon Conclusionum IV Conferentiae Generalis Episcopatus Latino-americani a D. MCMXCII in civitate Sancti Dominici celebratae, occasionem arripuit, ut praefatum documentum ex integro recognosceret et novis indicationibus paedagogicis augeret, hodiernis Seminariorum necessitatibus magis respondentibus.

Quam ob rem Exc.mi Episcopi, consiliis initis, amplam inter se et inter Seminariorum Moderatores consultationem promoverunt, sollicite inquirentes de omnibus quae, in luce experientiarum elapso temporis spatio acquisitarum, ad maiorem sacerdotalis efformationis soliditatem ac efficientiam conferre possent. Quo pacto praesens "Rationis" nationalis textus ("Diretrizes Básicas da Formação dos Presbíteros da Igreja no Brasil") communi nisu consilioque feliciter redactus est qui, principiis spiritualibus doctrinalibus et pastoralibus imbutus, rectam viam indicat ad futuros sacerdotes in evangelicae vitae forma probe effingendos. Quae in hac "Ratione" continentur ita intelligenda et applicanda sunt ut iuvenes in sana Ecclesiae doctrina et disciplina firmiter radicentur atque veri animarum Pastores efficiantur, ad novae evangelizationis opus bene parati.

Quibus omnibus inspectis, haec Congregatio de Institutione Catholica (de Seminariis atque Studiorum Institutis) hanc tertiam Rationis Institutionis Sacerdotalis Brasiliensis editionem, funditus refectam, libenter ratam habet atque ad normam Can. 242, § 1º CIC "ad sexennium" approbat, necnon ab iis ad quos pertinet fideliter observari iubet; servatis ceteris de iure servandis; contrariis quibuslibet minime obstantibus.

Romae, ex Aedibus Congregationum, d.d. X m. Maii a.D. MCMXCV

PRAEFECTUS
*Pius Card Laghi*

A SECRETIS
*† Josephus Saraiva Martins*

## DECRETO

(Tradução)

Tendo expirado, já há alguns anos, a aprovação "para um sexênio" que a Congregação da Educação Católica, a 12 de julho de 1984, concedera ao documento *Formação dos Presbíteros na Igreja do Brasil — Diretrizes Básicas,* a Conferência Nacional dos Bispos do Brasil aproveitou a oportunidade do Sínodo dos Bispos de 1990, da subseqüente Exortação Apostólica *Pastores Dabo Vobis* (Dar-vos-ei Pastores) e das Conclusões da 4ª Conferência Geral do Episcopado latino-americano, celebrada em Santo Domingo, em 1992, para revisar inteiramente aquele documento e enriquecê-lo com novas indicações pedagógicas de acordo com as necessidades hodiernas dos Seminários.

Para isso, os senhores bispos promoveram de comum acordo uma ampla consulta entre si e entre os Superiores dos Seminários, pesquisando com atenção sobre tudo o que pudesse contribuir para maior solidez e eficácia da formação sacerdotal, à luz das experiências do tempo anterior.

Deste modo, o texto atual das Diretrizes Básicas da formação dos presbíteros da Igreja no Brasil, felizmente, foi redigido em comunhão de pareceres e de esforços. Imbuído de princípios espirituais, doutrinais e pastorais, ele aponta o reto caminho, para plasmar os futuros sacerdotes na forma de vida evangélica. O que contêm estas Diretrizes Básicas deve de tal modo ser entendido e aplicado que os jovens sejam radicados firmemente na sã doutrina e disciplina eclesiais, tornando-se verdadeiros Pastores de almas, bem preparados para a tarefa da nova evangelização.

Tomando em consideração o que se disse anteriormente, esta Congregação da Educação Católica de bom grado ratifica esta terceira edição das Diretrizes Básicas da Formação Sacerdotal do Brasil, profundamente reelaborada, e a aprova "para um sexênio", segundo o canon 242 § I° do Código de Direito Canônico. Manda também que tais Diretrizes sejam fielmente postas em prática por aqueles a quem cabe; observando-se o mais que for de direito e não obstante em absoluto qualquer coisa em contrário.

Roma, do Palácio das Congregações, 10 de maio de 1995.

† *Pio Cardeal Laghi*
Prefeito

† *José Saraiva Martins*
Secretário

## 1ª PARTE

# CONTEXTO E FUNDAMENTOS

1. As Diretrizes Básicas da Formação Presbiteral, contidas neste documento, são a atualização das diretrizes em vigor desde 1985. A atualização considerou, especialmente, o Sínodo dos Bispos de 1990, a Exortação Apostólica *Pastores Dabo Vobis* do Santo Padre João Paulo II, as Conclusões da IV Conferência Geral do Episcopado latino-americano em Santo Domingo, as Diretrizes Gerais da Ação Pastoral da Igreja no Brasil (1991-1994) e o atual momento da caminhada do povo de Deus.

2. Os fundamentos teológicos da formação presbiteral e deste documento encontram-se na Palavra de Deus e na doutrina da Igreja, particularmente nos textos do Concílio Vaticano II, dos últimos Papas, das Conferências do Episcopado latino-americano e nos pronunciamentos do episcopado brasileiro. Este documento aplica às condições da Igreja, no Brasil, as disposições da "Ratio Fundamentalis Institutionis Sacerdotalis", do Código de Direito Canônico e da Exortação *Pastores Dabo Vobis,* procurando atender aos apelos de Deus e às necessidades do nosso povo. Por isso, esta introdução descreve brevemente as condições da sociedade brasileira (1), na qual se situam a atuação da Igreja e as expectativas de suas comunidades

(2). Procura compreender os anseios dos candidatos ao ministério presbiteral (3) e os modelos de realização do presbiterato no contexto atual (4). A seguir, o corpo do documento apresenta as diretrizes propriamente ditas.

## I. SITUAÇÃO DA SOCIEDADE

3. A Conferência de Santo Domingo e as Diretrizes Gerais da Ação Pastoral da Igreja no Brasil oferecem uma análise da sociedade latino-americana e brasileira. Pressupondo o conhecimento dessas análises, ressaltamos aqui alguns traços que merecem especial atenção no processo formativo dos futuros presbíteros.

4. Entre os aspectos positivos da modernidade, podemos considerar: o espírito científico, a importância da subjetividade e da individualidade, o resgate da afetividade e da sexualidade humana, a ética da vida, a busca da felicidade e da realização pessoal. Além disso, a modernidade apresenta, principalmente, aspectos contraditórios e questionadores. Os anos 90 se iniciam sob o signo de uma economia mundial em transformação, com repercussões negativas sobre a economia latino-americana e, particularmente, brasileira. A nova fase do capitalismo está passando da exploração da mão de obra à sua exclusão do mercado, graças a novas tecnologias, gerando forte desemprego e provocando a expansão de uma economia marginal ou informal, de mera sobrevivência. Acentuam-se ulteriormente a concentração da riqueza e, de outro lado, o empobrecimento.

5. O predomínio da economia e da tecnologia ou, mais amplamente, da chamada “razão instrumental” tende à supressão dos valores éticos ou religiosos, ao menos na esfera pública, admitindo-os apenas no âmbito da vida privada. Como resultado da ausência de valores comuns (como havia nas sociedades “tradicionais”), difunde-se um acentuado pluralismo cultural e, com ele, um forte relativismo e subjetivismo. As instituições estão perdendo sua força e não refletem mais uma concepção dos valores e da verdade. Elas estão em crise, junto com as grandes ideologias modernas, que tentaram substituir o papel da religião. Estes fenômenos são mais evidentes no mundo urbano, que no Brasil cresceu rapidamente, alcançando hoje mais de 75% da população e influenciando também o interior rural, cujo êxodo continua, desenraizando anualmente centenas de milhares de famílias. Nos centros urbanos, nota-se também uma mobilidade social e uma diversidade de valores referenciais que vão acentuando o individualismo. Outros fenômenos resultantes da sociedade moderna são a revolução sexual, propagada pelos meios de comunicação social, e a multiplicação de grupos religiosos autônomos, cristãos ou não.

6. Diante desse quadro, o indivíduo se sente ameaçado e inseguro. Sua vida tende a tornar-se fragmentária. Tende a perder sua identidade. Suas reações podem ir em sentidos opostos. A mais comum é a do individualismo e do subjetivismo; nela o indivíduo procura construir sua identidade segundo suas possibilidades, seu “gosto” ou “sentimento”, na base de sua decisão ou, muitas vezes, da influência dos meios de comunicação de massa e da opi-

nião pública. Outra tendência, diametralmente oposta, é a do tradicionalismo ou do fundamentalismo. Nela o indivíduo se apega aos valores da sua tradição, às suas raízes ou origens. Geralmente se entrega a um grupo — ou movimento ou comunidade — que lhe assegura suporte afetivo, segurança, modelos de pensamento e de ação. Muitas vezes estes grupos assumem traços sectários, intransigentes, na defesa de suas convicções. Há enfim muitas situações intermediárias, em que pessoas e grupos misturam comportamentos individualistas com a preservação de valores tradicionais ou laços de solidariedade.

7. Essa situação, contudo, é percebida sempre mais como insensata e desumana. Emerge de muitas formas uma exigência de retorno à ética, como dimensão fundamental do humano. A religião, afastada do mundo da técnica e da economia, ressurge com amplitude impressionante na vida das pessoas, embora nem sempre nos moldes cristãos, às vezes com traços exóticos e até esotéricos.

8. A política, desmoralizada pela corrupção impune, pelo acobertamento dos interesses de poucos poderosos, reduzida às vezes à mera gestão do dinheiro público, é questionada profundamente. Parte da juventude volta a exigir a transparência e a nobreza de uma política posta a serviço do bem comum. Movimentos populares ou das classes médias, em busca de justiça social, defesa dos direitos humanos elementares (como emprego, educação, saúde...), preservação da natureza, superação das discriminações ligadas a sexo, raça, cultura... são sinais de esperança de uma nova sociedade. Há consenso que as recen-

tes conquistas democráticas não podem ser reduzidas a uma aparência de democracia formal; a democracia exige a diminuição da desigualdade e a redistribuição da renda e do poder.

## II. ATUAÇÃO DA IGREJA

9. A Igreja no Brasil conheceu uma ampla renovação pastoral após o Concílio Vaticano II, que serviu de inspiração para uma renovada presença na sociedade, confortada também pelas Conferências Episcopais latino-americanas de Medellín, Puebla e Santo Domingo. Podemos enumerar rapidamente algumas das iniciativas mais significativas desse período: a reforma litúrgica; a valorização de formas de piedade mais articuladas com a liturgia e a piedade popular da Igreja; a difusão da Bíblia e a multiplicação dos círculos bíblicos, sementes da multiplicação das comunidades eclesiais de base; a criação de novos ministérios e a multiplicação dos agentes de pastoral, especialmente na área catequética e social; a dinamização da pastoral vocacional, com a superação da fase mais crítica dos Seminários desde o final dos anos 70; a extensão da ação pastoral a categorias e ambientes até então pouco assistidos (índios, negros, posseiros, pescadores, menores abandonados, mulheres marginalizadas, famílias incompletas...); a articulação da pastoral de conjunto e o planejamento pastoral; a defesa dos Direitos Humanos, mesmo a preço de grandes sacrifícios e do risco da vida; a promoção de muitos organismos de participação e corresponsa-

bilidade; a solidariedade entre Igrejas-Irmãs; os novos empreendimentos missionários; o ensinamento episcopal, com pronunciamentos oportunos sobre os grandes temas nacionais. Fruto desses anos de atuação generosa é a confiança que o povo repõe hoje na Igreja.

10. Este quadro, do recente passado, no conjunto fortemente positivo, não deve esconder as fraquezas do presente e, principalmente os desafios do próximo futuro. As transformações recentes da sociedade não deixaram de repercutir no interior da Igreja e do povo cristão. A fragmentariedade, o pluralismo, o subjetivismo penetraram também na pastoral. Visões diferentes da eclesiologia, trazidas às vezes por algumas pastorais ou movimentos transnacionais, que não conheceram a experiência pastoral brasileira, trouxeram polarizações e conflitos, junto com elementos que poderão ajudar a enfrentar as novas situações emergentes. Outras dificuldades surgiram no interior de experiências bem sucedidas num recente passado, mas que começam a se revelar menos preparadas às novas condições sociais e culturais. Estas, como vimos, geram tendências divergentes na sociedade e no âmbito religioso: individualismo, de um lado; tradicionalismo, do outro. O empobrecimento contínuo e generalizado criou outras dificuldades, tornando mais árduo o trabalho dos presbíteros, cujo número não acompanhou proporcionalmente o aumento da população. Em alguns casos, houve comunidades descuidando da Pastoral Vocacional ou aceitando uma formação precária e uma seleção nada rigorosa dos candidatos.

11. A percepção dos novos desafios se expressa particularmente na formulação das Diretrizes Gerais da

Ação Pastoral de 1991-1994 (DGAP). Antes de tudo, percebe-se que, face a uma sociedade complexa, também a ação da Igreja deve necessariamente diversificar-se. Para evitar, porém, o perigo real da fragmentação e da dispersão, é necessário — ao mesmo tempo — melhorar os instrumentos de comunicação e de articulação da ação pastoral e da vida eclesial. Três linhas de atuação sobressaem nas DGAPs:

— face ao crescente individualismo e subjetivismo, a ação pastoral deve tornar-se mais personalizada, mais atenta à experiência e às exigências de cada pessoa; em particular, deve cuidar de promover uma forte experiência de Deus, um amadurecimento de experiência espiritual de cada cristão, correspondendo à sede de comunhão com o divino;

— face ao crescente pluralismo cultural e à valorização das tradições étnicas e culturais, especialmente daquelas longamente oprimidas pela cultura dominante, a ação pastoral deve inculturar-se mais corajosamente, como indicado pelas DGAPs da Igreja do Brasil e pelo documento de Santo Domingo; deve promover novas expressões litúrgicas e catequéticas; deve desenvolver — mesmo no meio urbano — pequenas comunidades, em condições de dar efetivo suporte à experiência de comunhão na fé dos cristãos de hoje, ameaçados pelo individualismo e a massificação;

— face ao empobrecimento e à exclusão das massas com relação ao progresso econômico e social, face à perda do sentido ético na economia e na pública administração, face à privatização da religião, a ação pastoral deve repensar e reforçar a presença pública da Igreja, no contexto do fortalecimento da sociedade civil e da democracia, numa renovada opção preferencial pelos pobres.

12. As novas exigências da ação pastoral não encontrarão resposta sem a atuação de novos sujeitos ou agentes. Uma teologia correta e o número dos presbíteros não permitem pensar numa ação pastoral centrada exclusivamente na atuação do ministério presbiteral.[1] Além disso, as próprias características da sociedade moderna exigem uma atuação cristã e apostólica no coração do mundo, nos centros nevrálgicos da sociedade, por parte dos fiéis leigos. O papel do presbítero tenderá, portanto, a modificar-se em sua atuação concreta, exatamente para que possa realizar mais plenamente a missão que Cristo lhe confiou. Os leigos deverão assumir seriamente o protagonismo que Santo Domingo lhes atribui e espera ver efetivado em curto espaço de tempo.[2]

---

[1] Em 1960, havia no Brasil um padre para 6230 habitantes; em 1991, um padre para cerca de 10200 habitantes.

[2] (1) Sobre os desafios da formação e do ministério presbiteral hoje, veja também os nn. 6 (esperanças) e 7 (obstáculos) da PDV.

## III. MOTIVAÇÕES DOS CANDIDATOS AO PRESBITERATO

13. O número das vocações ao presbiterato continua mantendo-se relativamente elevado, não somente em comparação com o início dos anos 70, mas mesmo com os períodos mais favoráveis do começo dos anos 60 ou dos anos 80. Mesmo assim, o aumento das ordenações não conseguiu repor as perdas num passado recente, e o número de padres não acompanhou o crescimento demográfico. A procedência social das vocações é substancialmente a mesma da última década: jovens nascidos no meio rural ou em cidades pequenas e médias, geralmente de classe média-baixa ou pobre; aumentam, porém, as vocações da periferia das grandes cidades. Raras são as vocações procedentes dos dois extremos da escala social: ricos e miseráveis, sem acesso à escola.

14. A idade dos vocacionados tende a aumentar. Há menos crianças e adolescentes, mais jovens e jovens-adultos. De conseqüência, muitos seminaristas trazem consigo uma bagagem de experiências de trabalho e também de experiências afetivas e sexuais. Aliás, a geração atual — influenciada certamente pelo contexto da sociedade e dos costumes — tende a supervalorizar a afetividade e a sexualidade, sem alcançar contudo, muitas vezes, uma correspondente maturidade e coerência de atitudes, às vezes sem possuir nem mesmo uma clara identificação com a própria condição sexual. A juventude parece menos utópica e radical, mais realista, mais consciente de seus limites, mas também menos generosa e disponível para a ou-

sadia e a ação. Também está maiormente exposta ao perigo da sedução do consumismo, de um lado, e do intimismo, do outro.

15. Não se deve, porém, generalizar, porque na realidade a procedência das vocações, sob o perfil espiritual e pastoral, é variada. Há ainda candidatos que procuram o Seminário decididos a abraçar a "carreira" sacerdotal por motivos sociais e humanos, sem uma experiência eclesial ou pastoral mais profunda, às vezes sem mesmo uma vivência mais autêntica da fé. Há candidatos que provêm de experiências eclesiais maduras e dinâmicas nas pastorais e movimentos, e trazem um precioso embasamento espiritual e uma forte sintonia com o povo cristão e com os pastores da Igreja. De outro lado, surgem também vocacionados, fruto de uma espiritualidade pouco amadurecida ou ligados a pastorais e movimentos que não estão bem inseridos nas Igrejas locais. A mesma diversidade pode ser notada também nas famílias dos vocacionados. Se as famílias cristãs, solidamente constituídas e engajadas na vida eclesial, oferecem geralmente bons candidatos, de outro lado, está em aumento o número dos vocacionados que procedem de famílias desestruturadas ou incompletas e que podem apresentar uma maior fragilidade emocional.

16. Do ponto de vista intelectual, muitos candidatos apresentam deficiências graves, devido em boa parte à fragilidade dos estudos anteriores ao ingresso no Seminário. Isto torna os estudos filosófico-teológicos penosos e difíceis ou cria uma atitude desfavorável face a qualquer esforço maior de aprofundamento e face às tarefas pastorais mais exigentes. Predomina, entre os vocacionados, um ní-

vel intelectual médio, com raras exceções. Isto não deixa de colocar um sério problema para o futuro: a sociedade tende a se tornar mais exigente em termos de comunicação e informação; os candidatos ao presbiterato, ao contrário, não somente procedem dos setores menos "modernos", mas tendem a rejeitar o trabalho pastoral em setores nevrálgicos da sociedade contemporânea (formadores de opinião, cientistas e professores universitários, empresários...).

17. É tarefa dos formadores não apenas estimular os candidatos da nova geração a um crescimento espiritual e intelectual, mas antes saber discernir suas motivações profundas, seus valores escondidos, seus anseios mais autênticos. Entre as motivações profundas estão a fé coerente, a gratuidade e generosidade pessoais, o seguimento de Jesus, o anúncio do Evangelho, amor e serviço à Igreja, a sensibilidade ao clamor dos pobres, a defesa da vida e a denúncia da cultura da morte, a disponibilidade missionária. Somente assim será possível estabelecer uma ponte entre as exigências objetivas do ministério presbiteral hoje e as condições subjetivas dos candidatos, que a tal ministério se sentem chamados por vontade de Deus.

## IV. IDENTIDADE E MISSÃO DO PRESBÍTERO

18. Quanto a seus objetivos e caminhos, a formação é iluminada por uma clara consciência da identidade e da missão, do ser e do agir do presbítero. A Exortação do Santo Padre João Paulo II, *Pastores Dabo Vobis*, colhendo a reflexão do Sínodo dos Bispos de 1990 e do ma-

gistério da Igreja desde o Concílio Vaticano II, apresenta uma síntese completa, harmoniosa e profunda da doutrina do presbiterato, procurando situá-la no contexto atual. "Certamente, há uma fisionomia essencial do sacerdote que não muda: o padre de amanhã, não menos que o de hoje, deverá assemelhar-se a Cristo. (...) Jesus ofereceu em si mesmo o rosto definitivo do presbítero, realizando um sacerdócio ministerial do qual os apóstolos foram os primeiros a ser investidos; aquele é destinado a perdurar, a reproduzir-se incessantemente em todos os períodos da história. O presbítero do terceiro milênio será, neste sentido, o continuador dos padres que, nos precedentes milênios, animaram a vida da Igreja" (PDV 5).

"É no interior do mistério da Igreja como comunhão trinitária em tensão missionária que se revela a identidade" do presbítero e do seu ministério (PDV 12). Desta identidade, a Exortação do Papa mostra os fundamentos teológicos: trinitário, cristológico e eclesiológico. E acrescenta: "Assim se pode compreender a conotação essencialmente relacional da identidade do presbítero", que se desdobra, a partir da inserção no mistério de Deus em Cristo e pelo Espírito, na relação de comunhão com o Bispo e os outros presbíteros e de serviço ao Povo de Deus. Pela relação fundamental e permanente com o Cristo Cabeça, Sacerdote e Pastor da sua Igreja (PDV 13-15), o presbítero se torna pastor e servo na Igreja e no mundo (PDV 16-18). "Numa palavra, os presbíteros existem e agem para o anúncio do Evangelho ao mundo e para a edificação da Igreja em nome e na pessoa de Cristo Cabeça e Pastor" (PDV 15).

19. "É igualmente certo que a vida e o ministério do sacerdote se deve adaptar a cada época e a cada ambiente de vida" (PDV 5). As circunstâncias atuais levam a ressaltar, especialmente no Brasil, algumas qualidades que a missão do presbítero exige:

— a prioridade da tarefa da evangelização, o que acentua o caráter missionário do ministério presbiteral nesta hora;

— o testemunho pessoal de fé e de caridade, de profunda espiritualidade vivida, de renúncia e despojamento de si;

— a capacidade de acolhida a exemplo de Cristo Pastor que une a firmeza à ternura, sem ceder à tentação de um serviço burocrático e rotineiro;

— a solidariedade efetiva com a vida do povo, com especial sensibilidade para com os pobres, os oprimidos, os sofredores, em fidelidade à caminhada da Igreja na América Latina;

— a capacidade de diálogo com todos, também com aqueles que pertencem a tradições culturais ou religiosas diferentes, no respeito à pluralidade;

— a maturidade para enfrentar os conflitos existenciais que surgem do contato com um mundo ainda não impregnado pelo Espírito do Evangelho.

20. Embora se possa confiar na superação da crise de identidade dos presbíteros que atingiu a muitos após o

Concílio Vaticano II (embora não em razão do Concílio!), como nota o Santo Padre (PDV 11), uma outra crise ameaça o ministério presbiteral no Brasil. Cabe à formação preveni-la ou, ao menos, tornar vigilantes os presbíteros face a ela. É a crise da sobrecarga de trabalho pastoral, geradora de cansaço, de rotina, de superficialidade na oração e no estudo, de solidão afetiva, de fragilidade. Face a essa sobrecarga, os caminhos do ministério são principalmente dois: a diversificação no exercício do ministério e a maior atenção à pessoa do presbítero.

21. Consciente da vocação apostólica de todo o povo cristão, e considerando a complexidade do ministério pastoral no momento presente, a Igreja local é chamada a repartir melhor as tarefas entre os presbíteros, os agentes de pastoral e a comunidade. Os presbíteros sejam incentivados a se dedicarem a uma área específica de atuação, buscando após a formação básica, uma especialização adequada. Três situações principais continuam a exigir a atenção do ministério presbiteral:

— *o meio rural,* que continua perdendo sua importância relativa, mas ainda abriga cerca de um quarto da população brasileira e onde a ação pastoral da Igreja é particularmente relevante, seja na luta contra a miséria, seja em face das transformações que o atingem sempre mais rapidamente, também do ponto de vista cultural e religioso;

— *o meio suburbano,* da periferia das grandes cidades e dos municípios limítrofes, que continua inchando e onde se concentram os aspectos mais visíveis das carências do nosso povo (fome, desemprego, falta de moradia e de condições sanitárias, etc.);

— *os centros urbanos* habitados pelas classes média e alta, onde a mentalidade de consumo e a secularização dos costumes desafiam a ação pastoral, e onde se concentram os mecanismos de dominação econômica e cultural dos outros setores da sociedade, mas também forças determinantes para o seu futuro.

22. Mesmo numa melhor divisão das tarefas, cada presbítero seja melhor ajudado a evitar sobrecarga e a encontrar sua realização pessoal, preservando sua saúde física e psíquica, dedicando mais tempo à oração, integrando melhor sua doação pastoral, sustentada pela graça de Cristo, com suas qualidades humanas e disposições afetivas. É responsabilidade da Igreja Local garantir os recursos necessários. Esta ajuda encontra sua base na formação antes da ordenação, que pode marcar para sempre a maturidade e o equilíbrio de vida da pessoa do presbítero. Deve, porém, continuar ao longo de sua existência, num contexto de uma sociedade em contínua e rápida transformação, através da chamada "formação permanente" (PDV, cap. VI).

23. Procurando inspiração nos valores do Evangelho e nas orientações da Igreja, especialmente dos recentes documentos do Magistério citados no início dessa introdução, e com base na experiência das muitas comunidades de formação espalhadas pelo Brasil, vamos traçar agora as diretrizes básicas que devem orientar a formação dos futuros presbíteros nos próximos anos.

## 2ª PARTE

# DIRETRIZES

# NORMAS GERAIS

24. As Diretrizes deste documento, estabelecidas pela Conferência Nacional dos Bispos do Brasil e aprovadas pela Santa Sé, constituem os princípios básicos e as normas gerais da formação presbiteral adaptadas às necessidades pastorais do País (CDC 242 § 1º) e estarão em vigor até que a mesma Conferência promova sua revisão.

25. As normas deste documento sejam observadas em todos os Seminários, diocesanos ou interdiocesanos, e outras instituições de formação presbiteral (CDC 242 § 2º). Além disso, o bispo diocesano ou, no caso de Seminário interdiocesano, os bispos corresponsáveis determinarão adaptações às circunstâncias particulares (CDC 243), procurando formas adequadas de cooperação entre dioceses e congregações, no campo da formação presbiteral.

26. Os Institutos de Vida Consagrada e as Sociedades de Vida Apostólica, dada sua inserção nas atividades pastorais da Igreja no Brasil, levem em conta estas Diretrizes, dentro da especificidade de sua vida e ação de modo a promover a unidade em tudo o que é essencial na formação dos presbíteros diocesanos e religiosos. Os Institutos e Sociedades, que se dedicam à educação.

# 1ª SEÇÃO: AMBIENTE FORMATIVO

## I. PASTORAL VOCACIONAL

27. A pastoral vocacional tem por objetivos: despertar para a vocação humana, cristã e eclesial; discernir os sinais indicadores do chamado de Deus; cultivar os germes de vocação e acompanhar o processo de opção vocacional consciente e livre. Deve dar ênfase às vocações de especial consagração e, entre elas, particularmente, à vocação ao presbiterato (PDV 34).

28. "A Pastoral Vocacional exige ser assumida com um novo, vigoroso e mais decidido compromisso por parte de todos os membros da Igreja, na consciência de que ela não é um elemento secundário ou acessório, nem um momento isolado ou setorial, quase uma simples parte, ainda que relevante, da pastoral global da Igreja" (PDV 34). É com esse sentimento que o episcopado brasileiro vem, ao longo dos últimos anos, promovendo a dimensão orgânica da Pastoral Vocacional na Igreja. As Diretrizes Básicas aprovadas na 22ª Assembléia Geral da CNBB já destacavam a responsabilidade da comunidade cristã para com as vocações ao presbiterato (DBFP II, 3). A mesma convicção é reafirmada pela Conferência de Santo Domingo (SD 79-80).

29. A Igreja Local e, quanto possível, cada Paróquia, criem Equipes de Pastoral Vocacional para animar e coordenar a promoção das vocações em todas as dimen-

sões pastorais da vida cristã e ofereçam orientação e acompanhamento aos vocacionados.

30. A vocação é condição para assumir o ministério presbiteral. Isto significa que ninguém pode arrogar-se o direito de escolher o ministério de presbítero, com base unicamente em suas aspirações. A avaliação da autêntica vocação deve levar em consideração as aptidões objetivas do candidato, a livre determinação da vontade na opção vocacional e a motivação desta. É dever da comunidade cristã discernir o chamado de Deus. Responsável último por este processo de discernimento, de que toda a Igreja e especialmente o presbitério participam, é o bispo próprio do candidato.

31. "A vocação sacerdotal é um dom de Deus, que constitui certamente um grande bem para aquele que é o seu primeiro destinatário. Mas é também um dom para a Igreja inteira, um bem para a sua vida e missão" (PDV 41). É dever da Igreja, portanto, assumir a sua missão geradora e educadora de vocações. "Sendo um problema vital que se coloca no próprio coração da Igreja, a preocupação com as vocações sacerdotais deve estar no centro do amor de cada cristão pela Igreja" (PDV 41). Cada um, no âmbito de sua responsabilidade, deverá transformar essa preocupação em formas concretas de ação.

32. "A primeira responsabilidade da pastoral orientada para as vocações sacerdotais é do bispo" (PDV 41). A ele cabe zelar para que a pastoral vocacional tenha o destaque necessário no âmbito de sua diocese.

33. Aos presbíteros, de modo especial aos párocos, "cabe cuidar por si, ou por meio de outros, para que cada fiel seja levado, no Espírito Santo, a cultivar a própria vocação" (PO 6). Extremamente eficaz e comprovado ao longo dos tempos, o testemunho presbiteral é uma das fontes mais fecundas das novas vocações para a Igreja. Pela sua fidelidade radical no seguimento de Jesus, aponta o caminho presbiteral como uma opção realizadora, através da cruz e da alegria pascal, a todos os jovens (PO 11). Lembrem-se também os presbíteros que é obrigação deles apoiar eficazmente o trabalho dos outros agentes de pastoral vocacional.

34. "Uma responsabilidade particularíssima está confiada à família cristã que, em virtude do sacramento do matrimônio, participa, de modo próprio e original, na missão educativa da Igreja mestra e mãe" (PDV 41). As famílias devem ser orientadas e incentivadas a educarem os filhos para uma vida cristã séria. Cultivando os valores autênticos da vida cristã, a família estará abrindo espaços para que seus filhos confrontem seus ideais com o chamado de Jesus. É necessário que os movimentos cristãos ligados à família sejam abertos e solícitos para com a Pastoral Vocacional.

35. Os grupos e movimentos de jovens ligados às comunidades cristãs, sem abandonar o horizonte amplo das vocações para os vários ministérios da Igreja, precisam se colocar, com coragem, frente à proposta do seguimento radical de Jesus, através do ministério presbiteral ou da vida consagrada. Nesse campo, tem se mostrado oportuna e eficaz a articulação da Pastoral Vocacional com a Pasto-

ral da Juventude, da Catequese, da Crisma e com os grupos de coroinhas.

36. As escolas e os educadores católicos devem ajudar os jovens não só a descobrir e desenvolver aptidões e interesses pessoais, mas a se abrirem aos apelos de Deus e às necessidades do mundo e da Igreja. "A escola é chamada a viver a sua identidade de comunidade educadora com uma proposta cultural também capaz de irradiar luz sobre a dimensão vocacional" (PDV 41). Sobretudo as escolas católicas deveriam ter um serviço de orientação vocacional, visando a iluminar as opções dos jovens.

37. As pequenas comunidades ou CEBs, onde mais intensamente se renova a experiência da comunhão fraterna e do serviço no mundo, vêm se firmando como um ambiente propício para a gestação de uma Igreja toda ministerial. No despertar, discernir e acompanhar vocações presbiterais, religiosas e de novas formas de vida consagrada, estas comunidades expressarão de modo significativo a sua eclesialidade.

38. Os diversos grupos, movimentos e associações de fiéis leigos, que o Espírito Santo faz surgir e crescer na Igreja, em ordem a uma presença cristã missionária no mundo, vêm se revelando como um campo fértil para a manifestação de vocações consagradas, verdadeiros e próprios lugares de proposta e de crescimento vocacional. Faz-se necessário evitar uma orientação unilateral dos candidatos a serviço de um movimento e acentuar a importância da dimensão da comunhão com toda a Igreja e com a Igreja Local.

39. Os seminaristas, uma vez que atenderam ao chamado de Jesus e se encontram no processo de formação presbiteral, serão, através de seu testemunho sincero e alegre, promotores naturais de novas vocações. Sua coerência e seriedade em abraçar a própria vocação apontarão uma opção de vida para os demais jovens.

40. No itinerário do serviço à vocação presbiteral — despertar, discernir, desenvolver e acompanhar a vocação —, a Pastoral Vocacional deverá ter metas claras para cada etapa. Já a criança pode intuir e desejar um projeto de vida dedicada ao serviço de Deus. A adolescência é o momento privilegiado dos primeiros passos para a elaboração do projeto ou opção de vida. Esta opção, muitas vezes, vem sendo adiada para o tempo da juventude ou mesmo para o início da fase adulta. Há casos, e não são raros, em que o chamado ao ministério presbiteral é percebido mais tarde. Que o trabalho pedagógico se estenda desde a fase inicial até às etapas mais adiantadas da formação.

41. Uma atenção particular deve ser dada às vocações provenientes de famílias mais carentes de recursos materiais, forçadas muito cedo a tirarem os filhos da escola, ou até impossibilitadas de garantir aos filhos um mínimo de instrução. É preciso que as dioceses procurem os meios para evitar esta discriminação precoce, que afasta do ministério os mais pobres. É necessária, também, uma atenção diferenciada aos problemas específicos do meio urbano e aos do meio rural, onde as vocações são mais numerosas, mas encontram maiores dificuldades quanto à formação. Atenção especial seja dada também à pastoral vocacional nos meios estudantis e universitários. Deve-se le-

var o povo cristão a se interessar pelos Seminários e colaborar com sua sustentação. Quando possível, solicite-se a ajuda financeira da família do seminarista.

42. Cada vocacionado tem sua especificidade, que deve ser respeitada. O Papa e o Episcopado latino-americano, em Santo Domingo, nos alertaram de maneira contundente, para a dimensão da inculturação no processo de evangelização e a formação de vocações indígenas e afro-americanas (SD 80). Também as vocações adultas exigem uma atenção especial (PDV 46; cf. n. 80). São novos desafios cobrando novos métodos.

43. Deus distribui seus dons com liberdade e as necessidades da Igreja exigem o cultivo multiforme das vocações. O clero secular seja respeitado em sua especificidade, e promovido também onde a organização pastoral é confiada a religiosos. De outro lado, ainda, as vocações religiosas sejam estimuladas pelos pastores, que devem sustentar a vida pluriforme do Povo de Deus.

## II. SEMINÁRIOS MENORES E INSTITUTOS AFINS

44. Jovens e adolescentes, que apresentam sinais de vocação e um desejo sincero de cultivá-la, precisam de instituições adequadas para ajudá-los no reto discernimento da própria vocação e no desenvolvimento das qualidades e aptidões humanas, cristãs e apostólicas, necessárias para a opção pelo ministério presbiteral.

45. As instituições adequadas a cada diocese são determinadas e organizadas pelo bispo. Segundo as condições peculiares de cada lugar, podem ser adotadas as seguintes modalidades:

46. Seminário Menor: é uma comunidade voltada ao aprofundamento da vocação cristã e, especificamente, ao discernimento da vocação presbiteral, à formação inicial e aos estudos preparatórios ao Seminário Maior. No Seminário Menor, haja verdadeira condição para o discernimento pessoal da vocação; propicie-se, igualmente, contatos regulares com a família e com a comunidade de origem. Tenha-se presente que, enquanto alguns alunos aspiram claramente ao ministério, outros só o consideram possível ou até mesmo duvidam ou hesitam em sua escolha. Por isso, não deve ser "um seminário maior em ponto menor" (RFIS, 11 nota 23, e 13). Receba especialmente o jovem vocacionado do curso secundário, que não encontra condições adequadas, de estudo e formação, no seu ambiente (SD 81).

47. Grupos Vocacionais (com este ou outro nome: VMPPV, 269): reúnem-se periodicamente e assistem adolescentes ou jovens que buscam o discernimento de sua vocação, enquanto residem na própria família e continuam seus estudos, às vezes, já exercendo uma profissão ou trabalho remunerado. Neste caso, é imprescindível a participação dos membros dos grupos vocacionais na comunidade eclesial (paróquia, CEBs...) e o contato com a Equipe ou Centro Diocesano de Pastoral Vocacional, que deve animar e acompanhar regularmente esses grupos.

48. Escolas e Colégios Católicos: tendo o devido cuidado da dimensão vocacional, no seu trabalho educativo, aceitem prestar um serviço especial e apoio concreto para adolescentes e jovens com aspiração ao ministério presbiteral, possibilitando acompanhamento mais intenso e oferecendo bolsas de estudos quando necessárias. Também, neste caso, cuide-se do contato e articulação com a Pastoral Vocacional e o Seminário (RFIS, 18; OT, 3).

49. Enfim, são necessárias formas mais personalizadas de acompanhamento, ao menos como fase transitória, que preparem o ingresso de candidatos idôneos em instituições como aquelas descritas acima.

50. De qualquer forma, o essencial é que a diocese realize um esforço sério e permanente de acompanhamento e cultivo das vocações, desde as primeiras manifestações conscientes do chamado até o ingresso no Seminário Maior. O que não é admissível é a abdicação desse esforço (RFIS, 11, nota 23). Em qualquer uma das hipóteses anteriores, para assegurar uma boa formação intelectual, os estudos de primeiro e segundo graus, que habilitam para o ingresso no curso superior, sejam exigidos como pré-requisitos para o acesso ao Propedêutico e ao Seminário Maior.

51. "Preparar-se para seguir Cristo Redentor com ânimo generoso e coração puro: é este o objetivo do Seminário Menor que o Concílio indicou, no Decreto *Optatam Totius*, que traça desta forma o seu perfil educativo: os alunos sob a orientação paterna dos superiores, com a colaboração oportuna dos pais, levem uma vida ple-

namente conforme à idade, espírito e evolução dos adolescentes, segundo as normas da sã psicologia, sem omitir a conveniente experiência das coisas humanas e o contato com a própria família" (PDV 63).

## III. PERÍODO PROPEDÊUTICO

52. Cresce o número de candidatos que ingressam na formação presbiteral após ter completado o segundo grau, sem passar pelo Seminário Menor ou por grupos vocacionais. De um lado, este fato é sinal de um enriquecimento, sendo muitas vezes estes candidatos portadores de experiência de fé viva e madura e de séria bagagem cultural; por outro lado, não raramente verifica-se uma discrepância, que se manifesta por diversos fatores:

— uma visão fragmentada da própria experiência de vida e da sociedade;

— o atual ensino do 1º e 2º graus não contribui para modificar essa situação;

— grande fragilidade das convicções básicas humanas e de fé, mesmo naqueles que vêm de experiências de vida cristã de nossas comunidades eclesiais;

— carência de uma iniciação à vida comunitária.

Torna-se, assim, necessário, cada vez mais, um período de preparação dos candidatos antes de ingressarem no Seminário Maior, até mesmo para aqueles que vêm do Seminário Menor e de grupos vocacionais.

53. Esse período denominado Propedêutico, "tempo de preparação humana, cristã, intelectual e espiritual para os candidatos ao Seminário Maior" (PDV 62), em vista de um discernimento vocacional, seja organizado como uma instituição autônoma, distinta e articulada com as outras etapas da formação, levando em consideração as seguintes indicações:

— residência ou local próprio, com programação específica;

— não inferior a um ano;

— após o 2º grau;

— uma equipe responsável, valorizando a presença de leigos, homens e mulheres (PDV 66).

54. O ingresso no Propedêutico seja precedido por um processo de discernimento vocacional do candidato, que leve ao conhecimento de suas reais motivações, através de um levantamento do histórico pessoal, ou seja, o conhecimento da vida do jovem nos seguintes níveis: familiar, comunitário-eclesial, afetivo-sexual, sócio-econômico, intelecto-cultural. Recomenda-se que esse discernimento seja feito através de:

— consulta às comunidades de origem;

— visita aos familiares;

— entrevistas;

— encontros vocacionais;

— retiros

— outros.

55. Entre os elementos principais constitutivos do Propedêutico, destacam-se:

— aprofundamento do discernimento vocacional;

— aprimoramento da formação humano-afetiva;

— formação espiritual com aprofundamento da experiência de Deus, da leitura bíblica e da vida de oração e litúrgica;

— complementação da formação intelectual;

— iniciação e aprofundamento da vida comunitária;

— adequada compreensão da Igreja e do ministério presbiteral.

56. Sendo o Propedêutico uma etapa da formação prevalentemente voltada para o amadurecimento do candidato, entende-se que a dimensão humano-afetiva ocupe um lugar prioritário. Isto requer uma centralização e atenção especial à pessoa do formando, através de um acompanhamento personalizado, dinâmicas de grupo, estudo dirigido. Deve-se levar em consideração:

— o conhecimento de si mesmo, com qualidades, defeitos e limites;

— o conhecimento da sexualidade masculina e feminina;

— a formação da consciência, caráter, personalidade;

— o equilíbrio no relacionamento interpessoal.

57. No que se refere à dimensão espiritual, o formando deve ser orientado, a partir da vocação batismal, a fazer uma profunda experiência de Deus e de amizade com Jesus Cristo, através de:

— exercícios espirituais e oração dos salmos;

— celebrações;

— valorização das experiências de fé vividas anteriormente;

— acontecimentos importantes em nível de Diocese, Igreja e Congregação;

— orientação espiritual, e outros.

58. Para capacitar os candidatos ao Seminário Maior e suprir as suas deficiências de ensino, recomenda-se introduzir ou reforçar alguns aspectos da dimensão intelectual, visando, ainda, amenizar o impacto que a filosofia freqüentemente exerce sobre os iniciantes:

— metodologia de estudos;

— português: gramática, redação e literatura;

— uma língua estrangeira moderna;

— ciências sociais: história, geografia e política;

— cultura brasileira;

— formação da consciência crítica da realidade;

— música, artes sacras, cultura popular e teatro;

— noções de liturgia e espiritualidade;

— introdução ao Mistério de Cristo e da Igreja, podendo basear-se no Catecismo da Igreja Católica.

59. Uma vez que o Propedêutico é uma preparação para a vida eclesial, deve levar o formando ao processo de abertura para a vida missionária, tendo presente alguns meios:

— presença na caminhada da comunidade, sem assumir lideranças ou compromissos estáveis;

— conhecimento da pastoral orgânica da Igreja Local (com especial atenção à importância e desafio da pastoral urbana);

— experiência em situações limites que vive o nosso povo;

— partilha de experiências.

60. Constata-se na sociedade moderna uma tendência ao isolamento e individualismo, que afeta o candidato. O período Propedêutico deverá ser um tempo forte de Vida Comunitária, levando o formando a uma atitude de acolhida, abertura, partilha e solidariedade.

61. Atente-se para a dimensão cultural de origem dos candidatos, sobretudo dos de raça negra e indígena, favorecendo o conhecimento e valorização de suas raízes culturais (SD 80).

62. Visando garantir uma infra-estrutura adequada para o propedêutico, incentive-se a colaboração entre Dioceses e Congregações.

## IV. SEMINÁRIOS MAIORES

63. O Seminário é, antes de tudo, uma escola do Evangelho: tem como modelo e referência ideal a própria convivência de Jesus com o grupo dos apóstolos e discípulos, em que os formandos realizam uma experiência de vida e intimidade com Cristo e se preparam melhor para a missão (PDV 60). O Seminário é, também, uma experiência de vida comunitária, pois insere, gradativamente, o futuro presbítero na comunhão com o presbitério e o habilita para o relacionamento fraterno, mais qualificado, com as comunidades eclesiais. Por isso, "o seminário não deve ser concebido como um ambiente fechado sobre si mesmo, mas como a instituição que sustenta e orienta o processo pedagógico de discernimento e formação, enraizado na comunidade eclesial mais ampla" (VMPPV 275).

64. Os candidatos ao presbiterato residirão no Seminário, durante todo o tempo da formação e, de qualquer forma, durante, ao menos, quatro anos (CDC 235 § 1º).

65. Devem ser admitidos ao Seminário Maior somente os candidatos que, além de possuírem as qualida-

des humanas e espirituais indispensáveis, tenham uma clara convicção a respeito de sua vocação e aceitem, sinceramente, a doutrina do presbiterato definida pela Igreja. Pois "o sacerdócio não é propriedade nossa, para fazermos o que nos agrada; não podemos reinventar o seu significado, segundo o nosso ponto de vista pessoal. O que nos compete é ser fiéis àquele que nos chamou" (João Paulo II, Aos Religiosos da Inglaterra, 31.05.82). É igualmente necessário que os candidatos estejam dispostos a assumir seriamente a preparação específica e sistemática ao ministério presbiteral.

66. Ao ingressarem no Seminário Maior, os candidatos ao presbiterato deverão apresentar qualidades bem determinadas, tais como: reta intenção, grau suficiente de maturidade humana, conhecimento bastante amplo da doutrina da fé, alguma introdução aos métodos de oração, costumes conforme à tradição cristã e experiência de vida eclesial. Possuam também as atitudes pelas quais, na sua região, é expresso o esforço de encontrar Deus e a fé (PDV 62; EN, 48). Apresentem um comportamento condizente com a opção assumida, e demonstrem ter assimilado conteúdos e atitudes propostos na etapa do Propedêutico. Estas disposições dos candidatos sejam devidamente avaliadas pelo Conselho Diocesano de Formação Presbiteral, incluindo o Bispo e os formadores responsáveis pelo Propedêutico.

67. Os candidatos ao presbiterato, no ato do ingresso no Seminário Maior, se já não o tiverem feito, devem apresentar o atestado de conclusão dos estudos de 2º grau, os atestados de Batismo e de Confirmação, bem como uma

carta de apresentação do respectivo pároco, de outro sacerdote ou agente de pastoral vocacional que o tenha efetivamente orientado. Do candidato que tiver saído de outro seminário, dever-se-á requerer o testemunho escrito do seu antigo Superior (CDC 241). Procurem-se também outras informações fidedignas. Recomenda-se que a saúde física e psíquica seja avaliada convenientemente. A idoneidade do candidato seja julgada pelo Bispo com o Conselho dos Formadores. No caso de Seminários Interdiocesanos, não se recebam candidatos sem aprovação do respectivo Bispo.

68. O Seminário Maior representa o período conclusivo do processo de discernimento vocacional, do qual participam solidariamente formandos e formadores, buscando, num diálogo freqüente e progressivo à luz da fé, reconhecer a autenticidade da vocação. Neste processo de discernimento, a equipe de formadores tem a responsabilidade última, levando-se em conta a indispensável participação do próprio formando (PDV 69), bem como a da comunidade do Seminário. Do mesmo processo, participe, de várias formas, a comunidade diocesana, especialmente o pároco, o presbitério e a comunidade onde o formando realiza seus estágios de formação pastoral e exerce os ministérios. O formando acolha e assuma, serenamente, a conclusão do discernimento, como manifestação da vontade de Deus.

69. O Seminário é, portanto, uma experiência educativa rica e complexa, com exigências diversas que precisam de um esforço sério para serem integradas e equilibradas:

— intensa vida comunitária, fraterna, e abertura ao mundo, ao serviço, à missão;

— desenvolvimento da maturidade e da responsabilidade pessoal, e obediência disponível às exigências do Evangelho e da autoridade da Igreja;

— profunda vida de oração, vivência litúrgica, esmero nas celebrações e multiplicidade de compromissos, trabalho, estudo, atividades pastorais;

— preparação para as futuras tarefas pastorais e engajamento em responsabilidades imediatas;

— formação intelectual e prática pastoral;

— entrega total e sincera à vocação e, ao mesmo tempo, prudente verificação dos sinais da vontade de Deus (RFIS, nota 33).

70. Para cumprir esses objetivos, o Seminário Maior pressupõe e exige um número adequado de educadores — no mínimo, um Reitor e um Diretor Espiritual (CDC 239); de professores das disciplinas do currículo filosófico-teológico — no mínimo, um professor para cada uma das disciplinas principais (CDC 253 § 2º); de alunos e de recursos (RFIS 21). Deve ter o seu próprio regulamento (CDC 243). Pode ser organizado por um bispo ou, ainda, por diversas dioceses, com ou sem ajuda de Congregações (CDC 237).

71. "Tendo presente — como aliás os Padres Sinodais recordaram — as indicações da Exortação *Christifideles Laici,* e da Carta Apostólica *Mulieris Dignitatem*, que põem em relevo um saudável influxo da

espiritualidade laical e do carisma da feminilidade em todo e qualquer itinerário educativo, é oportuno incluir, de forma prudente e adaptada aos vários contextos culturais, a colaboração de leigos, homens e mulheres, no trabalho formativo dos futuros sacerdotes" (PDV 66).

72. "Enquanto comunidade educativa, (o Seminário) deve obedecer a um programa claramente definido que, como nota característica, tenha a unidade de direção manifestada pela figura do reitor e dos colaboradores, na coerência com o regulamento de vida. Este programa deve estar clara e decididamente ao serviço da única finalidade específica do Seminário, a saber, a formação dos futuros presbíteros, pastores da Igreja. E para que a programação seja verdadeiramente adequada e eficaz, é necessário que as grandes linhas programáticas se concretizem mais detalhadamente, mediante algumas regras particulares, destinadas a ordenar a vida comunitária, estabelecendo alguns instrumentos e ritmos temporais precisos" (PDV 61).

73. A organização funcional do Seminário depende de opções pastorais, disponibilidade de recursos e outras circunstâncias locais (CDC 237). As soluções principais que, de fato, têm sido as mais freqüentemente adotadas no Brasil, têm sido duas:

— o Seminário, no sentido habitual do termo, que reúne, no mesmo local, e sob a mesma direção, a residência e os estudos;

— o Seminário ou Comunidade de Formação que não mantém seu próprio curso filosófico e teológico, mas se articula com um Centro de Estudos.

Deve procurar-se em ambos os casos que o Centro de Formação responda em tudo às exigências fundamentais, pedidas pelo Magistério da Igreja, para os Seminários e, em especial, quanto à suficiente consistência numérica dos alunos e da equipe de formadores, e ao regime disciplinar e comunitário.

74. No primeiro caso, recomenda-se que a grande comunidade do Seminário se articule em pequenas comunidades ou equipes, que ofereçam aos estudantes um relacionamento mais personalizado e fraterno, com assistência de um presbítero educador, assegurada a unidade de formação. Os presbíteros educadores, por sua vez, devem formar efetivamente uma equipe de trabalho com unidade de espírito e ação, sob uma única direção, e uma comunidade de vida fraterna, que seja exemplo daquela comunhão que se deseja realizar no presbitério e entre os novos presbíteros (PDV 66).

75. Quando os estudos filosófico-teológicos são realizados num Centro ou Instituto, distinto dos Seminários ou Comunidades de Formação onde residem os seminaristas, deve-se buscar uma coordenação eficaz e uma profunda articulação de todas as atividades formativas. Por isso, os responsáveis pelos Centros de Estudos e pelos Seminários ou Comunidades elaborarão um estatuto ou regimento, aprovado pela autoridade episcopal competente, traçarão periodicamente plano de trabalho e avaliarão freqüentemente os resultados.

76. Os Centros de Estudos e Seminários deverão dispor de professores qualificados, exigidos pela atual le-

gislação canônica (CDC 253) e inspirados pela diretriz da PDV: "os professores devem permanecer em comunhão e colaborar cordialmente com todas as outras pessoas empenhadas na formação dos futuros presbíteros e apresentar, com rigor científico, generosidade, humildade e paixão, seu contributo original e qualificado, que não é apenas a simples comunicação de uma doutrina — mesmo sendo a sacra doutrina —, mas é sobretudo a oferta da perspectiva que unifica, no desígnio de Deus, os diversos conhecimentos humanos e as várias expressões da vida" (PDV 67).

77. Há regiões em que a escassez de recursos dificulta a constituição de Seminários Maiores em condições satisfatórias. Há situações em que a maior exigência de especialização e aprofundamento exigem centros mais desenvolvidos de formação e recursos de pesquisa. Nesses casos, recomenda-se a adoção urgente de medidas, tais como:

— o envio dos seminaristas diocesanos a Seminários de outras dioceses, mantendo uma relação efetiva com sua diocese de origem;

— a colaboração entre dioceses vizinhas, com vista à organização de um Seminário interdiocesano adaptado à situação da região;

— a preparação de educadores e professores.

78. Em todos esses casos, será grandemente útil a colaboração das Dioceses e Congregações dotadas de maiores recursos e a instituição de uma Comissão Regional de

Seminários, eleita pelos bispos da região, com a finalidade de estudar, apoiar e promover as iniciativas diocesanas e interdiocesanas, no campo da formação presbiteral.

79. Regionais e Dioceses, dotados de maiores recursos, ajudem as regiões que têm maiores carências, promovendo cooperação fraterna entre Igrejas, no campo da formação presbiteral, com a participação de formadores, professores e seminaristas.

80. Sendo o bispo o primeiro representante de Cristo na formação dos presbíteros, deve visitar freqüentemente o Seminário e velar sobre a formação aí ministrada. Seja acessível a contatos pessoais com formandos e formadores, em clima de confiança e cordialidade. Informe-se sobre vocação, índole, piedade e aproveitamento dos formandos, particularmente em vista das ordenações (CDC 259 § 2º). O bispo deve demonstrar a mesma solicitude para com seus seminaristas confiados a outros Seminários.

81. No caso de vocações adultas, nem sempre é conveniente convidar os adultos a seguir o itinerário educativo do Seminário Maior. "Deve-se, antes, providenciar, depois de um cuidadoso discernimento acerca da autenticidade de tais vocações, no sentido de programar uma forma específica de acompanhamento formativo que consiga assegurar, por meio de oportunas adaptações, a necessária formação espiritual e intelectual. Um reto relacionamento com os outros candidatos ao sacerdócio e períodos de presença na comunidade do Seminário Maior poderão garantir a plena integração destas vocações no único presbitério, e a sua íntima e cordial comunhão com ele" (PDV 64).

# 2ª SEÇÃO: DIMENSÕES DO PROCESSO FORMATIVO EIXO PASTORAL DA FORMAÇÃO

82. "Toda a formação dos candidatos" ao presbiterato "é destinada a dispô-los de modo particular para comungar da caridade de Cristo, Bom Pastor. Portanto, nos seus diversos aspectos, esta formação deve ter um caráter essencialmente pastoral". Afirma-o claramente o decreto conciliar *Optatam Totius,* relativamente aos seminários maiores: "A educação dos alunos deve tender para o objetivo de formar verdadeiros pastores de almas segundo o exemplo de Nosso Senhor Jesus Cristo mestre, sacerdote e pastor. Por isso aqueles sejam preparados: para o ministério da Palavra, para que a Palavra de Deus revelada seja por eles cada vez melhor entendida, apropriem-se dela pela meditação, e saibam comunicá-la por palavras e com a vida; para o ministério do culto e da santificação, para que pregando e celebrando as ações litúrgicas saibam exercitar a obra da salvação por meio do sacrifício eucarístico e dos sacramentos; para o ministério de pastores, para que saibam apresentar aos homens Cristo que não veio para ser servido, mas para servir e dar a vida pela redenção de muitos, fazendo-se servo de todos (1Cor 9,19)"; (OT, 4; PDV, 57).

83. O texto conciliar que acabamos de citar, insiste na profunda coordenação existente entre os diversos aspectos da formação humana, espiritual e intelectual, e, ao

mesmo tempo, na sua específica finalidade pastoral. Esta orientação fundamental do Concílio será levada em conta na formulação das diretrizes concretas, nos próximos capítulos, a respeito dos diversos aspectos da formação presbiteral, distinguindo teoria e prática, objetivos concretos, métodos e programas, conseqüências ou frutos.

## V. PROCESSO FORMATIVO

84. A formação é um processo permanente que abrange todas as fases da vida, com diversidade de formas e métodos. É particularmente importante a fase que precede a ordenação, mas a formação deve prolongar-se ao longo do exercício do ministério presbiteral. Por isso, no seminário, o futuro presbítero aprenderá os princípios da formação permanente, como adquirir o hábito do estudo, a necessidade de atualização, amadurecimento contínuo e a resposta ágil às novas situações pastorais, num contínuo processo de conversão, no seguimento de Jesus Cristo.

85. A ação formativa, centrada na pessoa mais que nas estruturas, há de ser personalizante, superando os riscos da massificação ou despersonalização, permitindo ampla abertura aos dotes e inclinações pessoais e a manifestação da individualidade e originalidade de cada um.

86. "O próprio candidato ao sacerdócio deve ser considerado protagonista necessário e insubstituível de sua formação: toda e qualquer formação, naturalmente incluindo a sacerdotal, é, no fim de contas, uma autoformação. Ninguém, de fato, nos pode substituir na liberdade respon-

sável que temos como pessoas individuais. Certamente também o futuro sacerdote, e ele, antes de mais ninguém, deve crescer na consciência de que o protagonista por antonomásia da sua formação é o Espírito Santo" (PDV 69).

87. Todos que fazem parte do processo de formação presbiteral devem levar em conta que "a obra educativa, por natureza, é o acompanhamento de pessoas históricas, concretas, que caminham para a escolha e adesão a determinados ideais de vida. Precisamente por isso, a obra educativa deve saber harmonicamente conciliar a proposta clara da meta a atingir, a exigência de caminhar com seriedade em direção a essa meta, a atenção ao caminhante, ou seja, ao sujeito concreto empenhado nesta aventura, e depois a uma série de situações, de problemas e de dificuldades, de ritmos diversificados de caminho e de crescimento. Isto exige uma sapiente elasticidade, que não significa, de fato, transigência sobre os valores nem sobre o empenho consciente e livre, mas amor verdadeiro e respeito sincero por quem, nas suas condições pessoais, está caminhando para o sacerdócio. Isto vale não só relativamente à pessoa singular, mas também relativamente aos diversos contextos sociais e culturais onde se encontram os Seminários e à diferente história que tem cada um deles. Neste sentido, a tarefa educativa exige uma contínua renovação" (PDV 61).

88. O candidato acolherá também, como mediações humanas da ação do Espírito, a ação dos educadores. Por sua vez, os formadores levarão em conta os diversos graus de maturidade humana e espiritual dos candidatos, nas diversas etapas da formação. Embora os objetivos e crité-

rios da formação presbiteral sejam os mesmos ao longo de todo o processo formativo, os meios pedagógicos devem ser progressivamente adaptados e enriquecidos de acordo com o amadurecimento dos candidatos. Neste sentido o método participativo tem se mostrado o mais adequado para o desenvolvimento da corresponsabilidade na formação e para um positivo exercício da autoridade. Este método baseia-se na centralidade de Cristo, valoriza o sujeito, considera suas condições reais, promove a interação e o diálogo na comunidade, a reflexão que estimula o aprofundamento das convicções e a descoberta do caminho de crescimento pessoal e de grupo.

89. Para que o processo formativo possa efetivamente acompanhar as exigências de crescimento e as condições reais dos formandos, é imprescindível que seja conduzido por uma Equipe de Educadores, que saibam discernir os passos pedagógicos apropriados, através do diálogo com os formandos. A Equipe de Formação inclui, em primeiro lugar, os presbíteros que assumem as funções de Reitor, Diretor Espiritual, Coordenador de Estudos, Assessor psico-pedagógico e Assistentes de Comunidades. Deles se espera, não somente a dedicação competente em suas funções, mas testemunho pessoal de maturidade, compreensão, espírito evangélico e eclesial, alegria no exercício do ministério.

90. Essa Equipe deve atuar de forma integrada, fazendo ressaltar a diversidade e complementariedade dos dons e tarefas de cada um de seus membros num espírito de comunhão fraterna, sendo sinal da comunhão que Cristo viveu com seus discípulos. Igualmente, a Equipe de for-

madores deve contribuir para a estreita comunhão do Seminário com o Bispo, o presbitério e a comunidade diocesana, e deve associar ao processo formativo, a participação de educadores leigos, homens e mulheres.

91. Para maior eficácia do processo formativo, haja clareza na distinção de funções de cada membro da Equipe de Formação, bem como nos direitos e obrigações do formando. Isto deve ser determinado no Regimento Interno do Seminário (CDC 243).

92. Em vista do amadurecimento integral e harmônico do futuro pastor, tenham-se presentes as diversas dimensões pastoral, humano-afetiva, comunitária, espiritual e intelectual, bem como a integração e articulação das mesmas. Dioceses e Seminários se esforcem para elaborar um plano progressivo e integrado de metas concretas nos vários aspectos e etapas do processo formativo, prevendo-se conteúdos temáticos correspondentes. Para valorizar as várias etapas do itinerário formativo à vida presbiteral, poder-se-á adotar, como ritos de passagem, o Rito de Admissão, os Ministérios de Leitor e Acólito e a ordenação Diaconal.[3]

## VI. FORMAÇÃO PASTORAL

93. A formação especificamente pastoral, como toda dimensão da pastoral, comporta um aspecto teórico e um aspecto prático, vivencial. O estudo da teologia pastoral alcançará sua plenitude no curso teológico. Deverá

[3] O quadro, em anexo, pode servir como referência ou exemplo.

ser precedido por uma iniciação à reflexão pastoral, na medida em que o seminarista vivenciar experiências pastorais, tendo em vista principalmente os critérios a seguir.

94. Quanto aos objetivos, as experiências pastorais do seminarista devem ajudá-lo a:

— crescer na assimilação pessoal das atitudes do Cristo Bom Pastor e no seguimento de sua missão (PDV 12), aprendendo a ter os mesmos sentimentos de Cristo (Fl 2,5);

— crescer no compromisso pessoal no serviço do povo de Deus e na caridade pastoral;

— abrir-se mais à comunhão com a vida do povo, com a comunidade cristã e com o presbitério;

— promover abertura de espírito para outras expressões espirituais, dentro da Igreja católica, e para outras confissões religiosas, numa atitude ecumênica;

— ser fermento de transformação da sociedade, pelo testemunho e ação solidária, na promoção da justiça e da fraternidade;

— abrir-se para o relacionamento com pessoas e setores influentes da sociedade (formadores de opinião, artistas, intelectuais, políticos...);

— integrar sua dimensão humano-afetiva nas relações humanas e nos contatos pastorais;

— capacitar-se para uma visão de conjunto da ação pastoral;

— adquirir um espírito missionário e a consciência da prioridade da evangelização, lembrando que "o dom espiritual que os presbíteros receberam na ordenação não os prepara para uma missão limitada e restrita, mas sim para a imensa e universal missão da salvação até os confins da terra (At 1,8); de fato, todo o ministério sacerdotal participa da mesma amplitude universal da missão confiada por Cristo aos apóstolos" (PO 10; PDV 32).

95. Quanto à metodologia, a formação estritamente pastoral não deve se reduzir a uma série de tarefas ou de experiências pastorais, desconexas entre si e mal justapostas a outros aspectos da formação. O seminarista, ao longo de sua formação, deve ter a possibilidade de desenvolver organicamente sua experiência pastoral, através de um engajamento em comunidades das quais procurará conhecer a história para respeitar sua caminhada e ter experiência pastoral diversificada, sempre a partir da convivência e partilha da vida de uma comunidade cristã, para assumir gradativamente alguns ministérios juntamente com outros agentes pastorais. É oportuno também que o seminarista tenha contato com as pessoas em situações de sofrimentos (doentes, presos, migrantes, sem casa), com movimentos sociais e populares, e com os desafios da inculturação e das realidades emergentes. Finalmente assumirá os ministérios próprios de sua condição (leitorato, acolitato, diaconato) que preparam mais proximamente ao ministério presbiteral.

96. O trabalho pastoral dos seminaristas será devidamente planejado, acompanhado e avaliado. Evitar-se-á improvisação, imediatismo, empirismo, pragmatismo. Por isso, a Equipe de Formação terá o cuidado de escolher comunidades ou situações pastorais em que o seminarista possa encontrar condições para uma reflexão crítica e para uma ação pastoral não marcada por orientações demasiadamente unilaterais. Através da revisão e reflexão sobre as experiências pastorais, orientadas pelos Centros de Estudos, párocos e formadores, educar-se-á o seminarista a compreender também as dificuldades e deficiências humanas, a discernir os apelos para mudar e progredir, a reconhecer e acolher os sinais de Deus e as opções da Igreja. Seu engajamento pastoral deve se prolongar durante todo o ano letivo, mas sem prejudicar os estudos. Os períodos de férias escolares sejam também valorizados para contatos com a própria família e a comunidade de origem, e para estágios, seja na diocese, seja em áreas missionárias.

97. Além dos critérios já acenados, na escolha dos engajamentos pastorais dos seminaristas, considerar-se-ão:

— as aptidões e inclinações dos próprios seminaristas;

— as aptidões e condições dos presbíteros que os acolherão e acompanharão;

— as opções pastorais da Igreja local;

— as situações de maior necessidade ou carência.

É conveniente que os seminaristas participem da elaboração dos planos de pastoral da Igreja Local e que o

Seminário articule suas atividades pastorais com o planejamento pastoral diocesano.

98. Conforme a organização dos estudos e as possibilidades de cada Instituição, sejam previstos — nos fins de semana, nas férias e, eventualmente, em intervalos entre períodos de estudo — estágios pastorais, devidamente planejados e avaliados.

99. As experiências pastorais devem favorecer, para os seminaristas, o convívio fraterno com os leigos, o conhecimento melhor de suas aspirações religiosas e de suas atividades apostólicas e o desenvolvimento da capacidade de comunicação e relacionamento. Convém que o seminarista não se restrinja a atividades já rotineiras ou até burocratizadas, mas procure o contato pessoal, a convivência familiar, as iniciativas espontâneas. Dedique especial atenção aos mais humildes e marginalizados, e aos que mais precisam de aproximação solidária e fraterna. Entre os leigos, tenham mais espírito de aprendizes que de mestres.

100. O engajamento pastoral do seminarista é também uma oportunidade para que os agentes de pastoral, as comunidades eclesiais e o povo participem da formação dos futuros presbíteros, estimulando-os com seu testemunho e seu apoio e também participando da avaliação do seu desempenho. A opinião favorável da comunidade ou de seus representantes qualificados seja considerada um requisito necessário para a ordenação presbiteral de um candidato. "Ninguém seja ordenado presbítero se não tiver feito uma experiência pastoral positiva" (VMPPV 312).

## VII. VIDA COMUNITÁRIA

101. É essencial assegurar a formadores e seminaristas as condições efetivas de uma vida comunitária inspirada pelo Evangelho, qualquer que seja a solução institucional adotada, grande seminário ou comunidades menores.

102. Na busca dessas condições, é necessário considerar os obstáculos que se opõem a uma vida comunitária, a fim de superá-los mais eficazmente:

— o clima de individualismo, relativização dos compromissos assumidos, competição, consumismo que reina na sociedade e que penetra, muitas vezes, na alma e na mentalidade de muitos jovens, mesmo de candidatos ao presbiterato;

— as dificuldades e desequilíbrios do próprio processo de formação, como o excesso de atividades externas de alguns ou o fechamento de outros em suas próprias preocupações pessoais e em atitudes individualistas;

— a impressão negativa de que a vida e o ministério do presbítero, especialmente diocesano, não permitirão efetivamente a continuação da experiência comunitária vivida no Seminário.

103. É necessário, sobretudo, renovar continuamente as motivações da vida comunitária. Ela tem como raiz a própria natureza da vocação eclesial, que é o chamado a participar ativamente daquele plano pelo qual "aprouve a

Deus santificar e salvar os homens, não singularmente, mas constituí-los em um povo" (LG 9). Tem também como raiz a própria natureza do ministério ordenado, que com sua radical forma comunitária pode apenas ser assumido como obra coletiva (PDV 17). Ela tem ainda como fundamento a própria comunhão com Cristo e como experiência básica aquela assídua intimidade com Ele, que faz do futuro apóstolo um discípulo semelhante aos primeiros Apóstolos que, acompanhando Jesus, preparavam-se para assumir plenamente a missão no mundo. A vida comunitária tem como perspectiva dois aspectos essenciais da vida do presbítero: a comunhão com seu bispo e o presbitério, e a convivência com o povo, do qual deve conhecer e estimar profundamente a cultura e os valores.

104. A comunidade do Seminário, longe de se reduzir à convivência de um simples grupo de amigos, tem como ideal a realização daquela comunhão fraterna que é, ao mesmo tempo, sinal e fruto da comunhão com Deus Pai, no Filho, pelo Espírito (DP 211-216). "Os vários membros da comunidade do Seminário, reunidos pelo Espírito numa única fraternidade, colaboram, cada qual segundo os dons que recebeu, para o crescimento de todos na fé e na unidade, a fim de se prepararem adequadamente para o sacerdócio" (PDV 60). Esta vida, iniciada no Seminário, deve continuar no presbitério e mesmo em formas de vida comum, a exemplo de algumas dioceses, onde grupos de presbíteros vivem em comunidade, atendendo conjuntamente uma área pastoral específica, urbana ou rural. Estas comunidades oferecerão "um exemplo luminoso de caridade e de unidade" (PDV 81).

105. A comunhão, com Deus e com os irmãos, exprime-se e alimenta-se pelos momentos da vida em comum. O momento central será a celebração diária da Eucaristia. A Liturgia das Horas, a partilha da reflexão sobre a Palavra de Deus e as outras orações comunitárias, a revisão de vida e o planejamento em comum das atividades do Seminário serão outros momentos fortes e enriquecedores de uma dimensão comunitária, que deve estar sempre presente. Haverá espaço também para momentos de lazer, esporte e convivência espontânea. No seu conjunto, a programação e o horário das atividades e da vida comunitária devem evitar o cansaço, prejudicial à saúde, mas também devem educar àquela austeridade de vida e intensa dedicação ao serviço, que se exige de todo pastor.

106. Procure-se manter, no seminário, um clima de confiança e respeito mútuo, de expressão sincera de sentimentos, de participação progressiva no planejamento e na disciplina da vida comunitária (CDC 239 § 3º). Ajude-se a perceber também a dimensão positiva dos conflitos e a procurar a solução deles no diálogo sincero. Suscitem-se atitudes que preparem um comportamento aberto ao diálogo e ao respeito do pluralismo no presbitério e na atuação do presbítero na comunidade.

107. O seminarista contribua de alguma maneira para o próprio sustento. A comunidade formativa esteja atenta à realidade pessoal de cada formando, buscando juntos, caminhos que, evitem paternalismo, acomodação e aburguesamento. Fomente-se a corresponsabilidade na aquisição, administração e uso dos bens. O trabalho remunerado não deve dificultar a dedicação cada vez mais exi-

gida pela seriedade e intensidade dos estudos, nem prejudicar os demais aspectos do processo formativo. O trabalho não remunerado, o trabalho manual no próprio Seminário e experiências durante as férias sejam incentivados como forma de educação ao espírito de pobreza e à solidariedade com os trabalhadores. Em todo caso, é importante que no trabalho se considere o critério formativo e pastoral e não apenas a preocupação financeira.

108. A comunidade do Seminário não é um fim em si mesma. É o núcleo de um relacionamento fraterno e eclesial, que deve se estender, quanto possível, às famílias e comunidades de origem dos seminaristas, às comunidades em que estes prestam sua colaboração pastoral, à Igreja local, ao presbitério e ao bispo, às demais Comunidades de Formação quer sejam da mesma região, ou até a outras regiões do país, à Igreja Universal e ao Papa (CDC 245 § 2º). As modalidades desse relacionamento dependerão das circunstâncias concretas e serão sugeridas por uma pedagogia adequada e pela busca do equilíbrio entre a vida interna da comunidade e sua abertura à comunidade eclesial mais ampla e ao mundo. Soluções adequadas serão possíveis, se integradas no conjunto do processo formativo, articulado em diversos momentos ou etapas.

109. A capacidade de conviver e trabalhar em equipe, junto com a disponibilidade ao serviço do povo, serão critérios básicos de discernimento da vocação ao ministério presbiteral.

## VIII. FORMAÇÃO HUMANO-AFETIVA

110. "Sem uma oportuna formação humana, toda a formação sacerdotal ficaria privada do seu necessário fundamento" (PDV 43). O presbítero precisa de amadurecimento humano-afetivo progressivo, integrado, porque é chamado a ser ponte e não obstáculo para outros, em seu encontro com Jesus Cristo, redentor do homem. A maturação humano-afetiva do presbítero é, pois, uma exigência de seu próprio ministério, uma decorrência da caridade pastoral que deve ser o fundamento de sua vida e a meta de sua formação global.

111. A preocupação com o processo do crescimento afetivo, integrado com as demais dimensões, embora seja mais acentuada nas etapas iniciais da formação, há de merecer contínua atenção durante todo o arco formativo, permanecendo mesmo como uma tarefa de toda a vida. Do ponto de vista da maturação humana o objetivo é o de se conseguir, no processo de individuação de cada um, a capacidade de auto-conhecimento equilibrado, com exclusão de percepções distorcidas, e a resistência às tensões e provas a que a vida submete toda pessoa.

112. A formação humano-afetiva é básica para uma opção pelo celibato, que deve ser, desde o início, uma clara exigência da formação presbiteral. Para assumir livremente o celibato por causa do Reino, o candidato precisa integrar seu dinamismo e potencialidades, aspirações e valores em vista de uma sadia identidade presbiteral. Contudo, sempre que um candidato, mesmo sem qualquer culpa, manifestar atitudes não condizentes com o compromisso da castidade no celibato, deverá deixar o seminário.

113. A maturação psico-afetiva global é uma construção progressiva, em que a ação de Deus e a liberdade humana se integram. Os formadores a acompanhem diligentemente, em um clima de abertura e confiança mútua, valendo-se oportunamente da colaboração de pedagogos, psicólogos e outros especialistas de comprovada idoneidade, competência e orientação cristã.

114. Tal crescimento manifestar-se-á, normalmente, mediante a emergência da capacidade para:

— perceber sem distorções e julgar, com objetividade, justiça e senso crítico, as pessoas e os acontecimentos da vida;

— realizar opções livres e decisões responsáveis, feitas à luz de motivos autênticos e interiorizados, tomando consciência do conjunto de energias e motivações inconscientes que se transformam em energia e motivação consciente, na linha do próprio projeto vocacional;

— relacionar-se adequadamente com as pessoas, com as comunidades e com os irmãos no seminário. O futuro presbítero deve crescer na aprendizagem do conhecimento e aceitação do outro, saber intuir as dificuldades e problemas alheios. Desenvolver atitudes de cooperação, diálogo e respeito;

— colaborar e trabalhar em equipe, a fim de possibilitar ao futuro presbítero uma liderança comunitária, que favoreça a comunhão e a participação, na Igreja;

— relacionar-se madura e construtivamente com pessoas de ambos os sexos, diferentes idades e condições sociais;

— amar verdadeiramente, mediante a superação gradual do egocentrismo e o crescimento na doação e serviço criativo aos outros. Isto somente decorre de uma suficiente autonomia psicológica, que é liberdade de qualquer rigidez ou compulsão, e da integração positiva da sexualidade, que assegura a maturidade e o equilíbrio das relações humanas e da caridade.

115. A maturidade humano-afetiva, jamais alcançada definitivamente e sempre em processo de amadurecimento, é o fundamento de toda a convivência comunitária, seja na vida do seminário, como, depois, nas comunidades em que o futuro presbítero exercerá a ação pastoral.

116. Considerando que "o carisma do celibato, mesmo quando é autêntico e provado, deixa intactas as tendências da afetividade e as excitações do instinto, os candidatos ao sacerdócio precisam de maturidade afetiva capaz de prudência, de renúncia a tudo o que a pode atacar, de vigilância sobre o corpo e o espírito, estima e respeito pelos relacionamentos interpessoais com homens e mulheres. Uma ajuda preciosa pode ser dada por uma adequada educação para a verdadeira amizade, à imagem dos vínculos de fraterno afeto que o próprio Cristo viveu em sua existência" (Jo 11,5) (PDV 44).

117. Duas atitudes geradoras de comunhão e estabilidade psicológica precisam ser particularmente cultivadas:

— o diálogo, como processo de inter-relação e aperfeiçoamento na convivência humana, pela capacidade de ouvir e responder, na compreensão e estreitamento das relações de estima e amizade;

— fortaleza de ânimo, segurança e autoconfiança, que permitam ao seminarista integrar as suas opções e experiências vitais, com firmeza, e assumir as renúncias sem frustrações desagregadoras; habituando-se "a renunciar generosamente mesmo aquilo que sendo lícito, não é conveniente" (PDV 49).

118. O desenvolvimento sadio requer um contato regular da pessoa com a realidade sócio-político-econômica, com o ambiente cultural de origem, especialmente com a própria família. Deve-se evitar uma distância muito grande entre as condições de vida das famílias dos seminaristas e o ambiente formativo. O futuro presbítero deve conhecer e partilhar, o quanto possível, a cruz e o sofrimento, as alegrias e esperanças do povo.

119. A disciplina exige o respeito do regulamento c das orientações, razoáveis e prudentes, dos formadores e da comunidade formativa, além de ser um necessário apoio à vida comunitária e à caridade. Na aquisição do autodomínio, ela favorece à emergência de disposições e atitudes de disponibilidade e serviço, fundamentais para a missão do presbítero.

120. Os formadores, diretores espirituais e outros eventuais assessores, no cuidado pela formação psico-afeti-

va dos candidatos, devem acompanhar com atenção, naturalidade e segurança a evolução de cada uma dessas características atentos à maneira individual com que cada um se desenvolve, numa experiência pessoal que é irrepetível. É tarefa da Equipe de Formação ajudar cada um a discernir não só se é chamado por Deus, mas se tem condições psicológicas para assumir o que o presbiterato supõe como base humana. Em certos casos, os formadores deverão ajudar o candidato a procurar orientação psicológica especializada. Igual cuidado deverão ter na aferição e acompanhamento das condições e experiências psico-afetivas anteriores, especialmente no caso de candidatos que se apresentam já adultos.

## IX. FORMAÇÃO ESPIRITUAL

121. A formação espiritual, ordenada à santidade de vida, que consiste na comunhão íntima e profunda com o Pai, pelo Filho e no Espírito Santo e que se atinge pela perfeição da caridade, deve preparar o futuro presbítero para desempenhar seu ministério. Como indica o Concílio Vaticano II, a unidade de vida e a espiritualidade do presbítero se constroem ao redor desta identificação com o Cristo Pastor, na docilidade ao Espírito Santo e na prática da caridade pastoral. A caridade pastoral, como unifica a vida e o ministério do presbítero (PO 14), desenvolve no seminarista não apenas a maior das virtudes teologais, mas também a comunhão com a ação pastoral da Igreja local (VMPPV 296).

122. A formação espiritual do futuro presbítero é, inseparavelmente, trinitária, cristocêntrica e eclesial. Ele é chamado a compreender como, pelo Sacramento da Ordem, será enviado pelo Pai e configurado a Cristo, para atuar e viver, na força do Espírito Santo, na comunhão da Igreja, para a salvação do mundo (PDV, 12).

123. Inseparável da dimensão cristológica é a dimensão eclesial. A Igreja é, essencialmente, relativa a Jesus Cristo e seu mistério tem uma expressão eminente em Maria, Virgem e Mãe. O presbítero é chamado a ser ministro da presença de Cristo em sua Igreja e servidor da comunhão e participação no meio do povo. "O sacerdote é o homem da comunidade, ligado de modo total e irrevogável a seu serviço" (João Paulo II, PPB 15,15; PO 12). O presbítero também não exerce seu ministério a título individual, mas enquanto incorporado ao presbitério, unido em comunhão fraterna com os colegas e com o bispo. Por isso, a dimensão comunitária é tão importante que merece um lugar central na formação.

124. Dessa espiritualidade brota também o amor filial para com Maria, mãe de Jesus e modelo de participação decisiva na história da salvação (*Marialis Cultus* 37). Contemplando-a, os futuros presbíteros aprenderão o significado de uma total dedicação de amor à missão, ao louvor de Deus e à salvação dos irmãos, aprofundando sua identificação com a vontade de Cristo (Jo 2,5) que procura a vontade do Pai e sua glória (Jo 4,34;17,4).

125. A formação espiritual procede por etapas, que começam pela iniciação e levam, gradativamente, ao ama-

durecimento e ao aperfeiçoamento. Deverão receber oportuno destaque a etapa da iniciação ao Seminário Maior, que receberá a forma de um período propedêutico (cf. cap. III, acima), incluindo a introdução ao Mistério de Cristo e uma iniciação espiritual adequada, e as etapas marcadas pela recepção dos Ministérios de Leitor e Acólito e do Diaconato. Cuide-se para que o candidato não passe à etapa seguinte, sem antes ter demonstrado um efetivo crescimento em sua vida espiritual e uma consciência correspondente das novas responsabilidades.

126. O processo de crescimento espiritual é possível somente pelo esforço sincero e permanente de conversão, que significa disponibilidade aos novos apelos de Deus e empenho em corrigir falhas e pecados do homem velho. Este processo encontra seu dinamismo:

— na escuta da Palavra de Deus;

— na vivência dos sacramentos e de toda a liturgia;

— no serviço do Povo pela caridade pastoral;

— na disponibilidade missionária;

— na partilha comunitária e comunhão eclesial;

— na oração pessoal, espontânea e contemplativa;

— na direção espiritual.

127. "O futuro presbítero, antes de ser servidor da Palavra de Deus, será discípulo e ouvinte. Por isso, com freqüência, fará a leitura meditada e orante da Sagrada Escritura (Lectio Divina), que é a escuta humilde e cheia de

amor daquele que fala. Percebendo que é à luz e pela força da Palavra de Deus, que pode ser descoberta, compreendida, amada e seguida a própria vocação e levada a cabo a própria missão, a ponto de que a inteira existência encontra o seu significado unitário e radical em ser ponto de partida da palavra do homem que responde a Deus. A familiaridade com a Palavra de Deus facilitará o itinerário de conversão não apenas no sentido de se separar do mal para aderir ao bem, mas também no sentido de se alimentar no coração os pensamentos de Deus, de modo que a fé, qual resposta à Palavra, se torne o novo critério de juízo e avaliação dos homens e das coisas, dos acontecimentos e dos problemas" (PDV 47).

128. A presença de Cristo no hoje da Igreja se expressa, junto com a Palavra, nos gestos salvíficos dos Sacramentos e no culto litúrgico. O futuro presbítero, que será o principal animador e servidor da celebração litúrgica, desde o início do seminário, tenha uma participação consciente e ativa na Liturgia. Gradativamente, aprenda a celebrar a Liturgia das Horas, que se deve tornar, desde o tempo da formação, a estrutura que sustenta e vivifica a oração pessoal e comunitária do padre, em união com a oração de toda a Igreja. "O Ano Litúrgico, sobretudo em suas festas e tempos mais fortes, oriente a espiritualidade comunitária do Seminário e contribua para formar o futuro presbítero como dirigente das celebrações litúrgicas e mestre de oração dos fiéis. Além disso, cuide-se da formação litúrgica no âmbito da formação estritamente pastoral e através do estudo e da aplicação das orientações da Instrução sobre a Formação Litúrgica no Seminário" (CEC, 13 de junho de 1979).

129. A celebração da Eucaristia, centro e cume da vida da Igreja, seja o centro e cume da vida do Seminário, onde se torna presente cotidianamente o mistério da comunhão com Deus em Cristo e se adquire força para a caminhada rumo à páscoa definitiva. O futuro presbítero seja levado a reconhecer e vivenciar as diversas dimensões da Eucaristia: sacrifício, memorial, sacramento de piedade, sinal de unidade, vínculo de caridade, banquete pascal (SC 47). Descubra especialmente a dimensão eclesial da Eucaristia e sua significação para o povo cristão, como sinal de esperança na caminhada da libertação. Ame-a como realidade que contém todo o bem espiritual da Igreja e de onde emana toda a sua força (SC 10). Da participação diária na celebração eucarística, faça o centro de sua espiritualidade e nela alimente e interiorize o espírito comunitário e o zelo pela unidade (PO 6 e CD 15), o espírito apostólico e a caridade pastoral (PO 5, 14b), a oração pessoal e o ministério sacerdotal, no qual agirá em nome de Cristo (PO 14b; LG 28). Enfim, o futuro presbítero encontre, na Eucaristia, centro e cume de toda a vida da comunidade cristã, o princípio e a fonte de unidade de sua própria vida (PO 14b).

130. Seja dada atenção permanente à dimensão penitencial da vida cristã, que consiste em morrer ao pecado e ressuscitar para a vida nova em Cristo. Através da prática cotidiana do perdão e da penitência, renove-se constantemente a conversão pessoal e a graça batismal. Eduque-se a consciência dos seminaristas para a percepção dos aspectos pessoais e sociais do pecado, o sentido da misericórdia divina e a estima do ministério da reconciliação

(PDV 48). A celebração freqüente do sacramento da Penitência fortifique e renove essa busca de conversão a Deus e libertação do pecado.

131. A formação espiritual se desenvolve também pelo exercício da vida cristã e da caridade pastoral, que se realizará no interior da comunidade do Seminário e, ainda, através da participação na vida de outras comunidades cristãs e de engajamentos pastorais. Recomenda-se que o seminarista mantenha contato com uma comunidade cristã paroquial ou de base, sem assumir papéis de liderança ou direção, pelo menos em um primeiro tempo. Ele deve partilhar os anseios e responsabilidades do povo cristão, mostrando verdadeira fraternidade para com os leigos (PO 9). Assuma, antes de tudo, as tarefas mais humildes e sacrificadas, em espírito de serviço. Quando chamado a responsabilidades ou funções mais qualificadas, procure desempenhá-las com o mesmo espírito de doação e sacrifício, que é o marco do autêntico discípulo de Jesus.

132. É constitutiva da formação espiritual a dimensão missionária que prepara o futuro presbítero a servir a Igreja, em sua realidade local e em seu horizonte sem fronteiras. "Enquanto comunidade eclesial, seja diocesana, seja interdiocesana, seja mesmo religiosa, o Seminário alimente o sentido da união dos candidatos com seu bispo e presbitério, de modo que participem de suas esperanças, de suas angústias, e saibam estender esta abertura às necessidades da Igreja Universal" (PDV 60). Perspectiva esta enfatizada pelo Concílio Vaticano II: "A própria formação dos candidatos ao sacerdócio deve procurar dar-lhes aquele espírito verdadeiramente católico que os habitue a olhar para

além dos confins da própria diocese, nação ou rito, indo ao encontro das necessidades da missão universal, prontos a pregar o Evangelho por toda parte" (OT 20; RM 67).

133. Para o desenvolvimento de sua espiritualidade, o seminarista encontra o apoio da comunidade de formação e, especialmente, de sua pequena comunidade ou equipe de vida. A experiência da comunhão fraterna é elemento essencial da espiritualidade cristã. Toda a vida comunitária do Seminário deve ser sustentada pela espiritualidade e, por sua vez, deve reforçá-la, de forma que a experiência espiritual seja vivida sem intimismo ou individualismo, mas na partilha e no diálogo.

134. Procure-se o justo equilíbrio entre a disciplina ou as normas comuns a todos, de um lado, e a iniciativa ou espontaneidade individual, do outro. No regulamento da vida do Seminário, incluindo as celebrações comunitárias, os momentos de oração e silêncio, as práticas de piedade, não se tolha o espaço também para expressões mais pessoais e para uma renovação constante, que evite a rotina e permita acompanhar ativamente a busca de novas formas de espiritualidade mais adequadas à nossa realidade. Nessa busca, seja dada especial atenção à espiritualidade própria do padre diocesano; seja também possibilitado o conhecimento de outras escolas e tendências de espiritualidade.

135. Lembre-se o seminarista que um aspecto importante da missão presbiteral é o de ser educador para a oração. Por isso, é fundamental que conheça e experimente "o sentido autêntico da oração cristã, que é o de ser um encontro vivo e pessoal com o Pai pelo Filho Unigênito e

sob a ação do Espírito Santo (PDV 47)", um diálogo que se faz participação do colóquio filial que Jesus tem com o Pai (PDV 47).

136. Apoio e orientação à vida espiritual serão oferecidos de modo mais pessoal e sistemático por um Orientador Espiritual. Esta orientação é indispensável, mas assegure-se, quanto possível, a liberdade de o seminarista escolher o orientador espiritual e o confessor entre os presbíteros indicados pelo bispo. Evite-se criar situações ambíguas, onde se poderiam misturar questões de foro interno e externo (CDC 239; 240). O Orientador Espiritual guie também o futuro presbítero à aquisição daquelas virtudes humanas que são, hoje, mais necessárias (CDC 245 § 1º). O Seminário não tenha medo de tentar renovar formas e expressões concretas de espiritualidade, de acordo com a evolução das situações e o dinamismo da vida da Igreja.

137. O Seminário promova freqüentemente dias dedicados à espiritualidade (retiros, vigílias, manhãs de oração, etc.) e os seminaristas participem, anualmente, de Exercícios Espirituais. O Seminário valorize, também, as práticas de piedade mais comuns da religiosidade popular, como o Terço e a Via-Sacra, patrimônios do povo cristão.

138. A formação espiritual, assim dinamizada, deve estimular a busca da santidade ou perfeição evangélica. Ela se expressa na perfeição da caridade e é sumamente favorecida pelas três atitudes fundamentais: pobreza, castidade e obediência. O Seminário deve oferecer condições para que sejam reconhecidas em todo o seu valor e sejam assumidas como forma de vida.

139. A pobreza evangélica, no seguimento de Jesus, é, hoje, um sinal particularmente forte do Evangelho e da opção preferencial da Igreja na América Latina, pelos pobres (SD 178b; 296). Aprendam, portanto, os seminaristas a viver na simplicidade, na austeridade mesmo, na partilha fraterna de seus bens materiais e espirituais. Estimulem-se práticas de partilha de recursos financeiros, mesmo pequenos, que preparem a viver a comunhão de bens também no presbitério. Cresçam no amor sincero pelos irmãos mais empobrecidos e aprendam a reconhecer seus direitos e valores, especialmente seu "potencial evangelizador" (DP 1147). Tomem consciência de todas as implicações da "opção pelos pobres" (DP 1134-1165; SD 178; 296) e desde já assumam como prioridade o anúncio do Evangelho a todos, mas muito especialmente aos mais empobrecidos (operários, camponeses, indígenas, grupos afro-americanos, marginalizados), incluindo a promoção e defesa de sua dignidade humana (DP 711), e reconhecendo o rosto sofredor de Cristo nos menores, nos doentes, nos velhos e em todos os empobrecidos (DP 31-39; SD 178).

140. A vida do Seminário deve favorecer um crescimento do espírito de obediência e de corresponsabilidade. Critérios de sua autenticidade são a conformação interior com a vontade de Deus e a busca sincera do bem comum, assumindo, com alegria, as renúncias necessárias. A obediência se expressa também na cordial disponibilidade à observância dos ensinamentos da Igreja, do regulamento, e das orientações dos formadores. Estes darão, primeiro, o exemplo de obediência, pela submissão à vontade de Deus e renúncia a pontos de vista individualistas na procura do bem comum.

141. A verdadeira obediência exige, por isso, a participação na busca de caminhos melhores para a vida comunitária, o diálogo sincero, o respeito à liberdade e responsabilidade de cada um. Considerando que o presbítero não exerce seu ministério a título pessoal, mas enquanto incorporado ao presbitério, a verdadeira obediência exige também que o futuro presbítero se eduque para assumir efetivamente as decisões pastorais tomadas em comum pelo bispo e presbitério, bem como esteja pronto a aceitar novas missões, mesmo em campo de trabalho mais exigente. Em um mundo dominado pelos interesses egoístas e pela competição desenfreada, o futuro presbítero é chamado a dar testemunho da livre doação a Deus e ao bem comum.

142. O carisma do celibato, expressão eminente da gratuidade do Reino, sinal luminoso da caridade pastoral e dom precioso para a Igreja, deverá ser assumido através de uma opção realmente amadurecida e livre. Esta opção, condição para o exercício do ministério em nossa Igreja, é assumida definitivamente por ocasião do Diaconato. O seminarista deve descobrir e aprofundar os motivos de sua opção. O celibato é, antes de tudo, experiência de amor e doação integral a Deus, que abre à fraternidade universal e ao serviço dos irmãos. Exige a vivência da castidade que lhe é própria. Vivido na alegria da oblação generosa, o celibato testemunha ao mundo a possibilidade de um amor gratuito e desinteressado, diante dos abusos e desmandos de uma sociedade hedonista. É, também, sinal do mundo que há de vir e do destino transcendente do homem e da mulher. Oriente-se adequadamente os seminaristas à luz da doutrina do Concílio Vaticano II, da Encíclica *Sacerdotalis*

*Caelibatus* e da Instrução sobre a formação para o celibato sacerdotal, emanada da Congregação para a Educação Católica, em 1974 (PDV 50).

143. "A formação espiritual deve abranger o homem inteiro. A graça não destrói, mas aperfeiçoa a natureza; por isso, ninguém pode ser verdadeiro cristão caso não possua e exerça as virtudes que convêm a um homem e são exigidas pela caridade que as anima e utiliza" (RFIS 51). O próprio Concílio Vaticano II enumerou, várias vezes, essas virtudes: sinceridade, zelo pela justiça, fidelidade à palavra dada, espírito de serviço e cooperação, modéstia, delicadeza (OT 11; PO 3; GE 1; PDV 43). Preste-se especial atenção àquelas atitudes e virtudes que são apreciadas pelo nosso povo, sobretudo pelos mais simples, de modo que o seminarista se prepare a ser um padre simples e humilde, acolhedor e fraterno.

## X. FORMAÇÃO INTELECTUAL

144. "A formação intelectual dos candidatos ao sacerdócio encontra a sua específica justificação na própria natureza do ministério ordenado e manifesta a sua urgência atual de fronte ao desafio da nova evangelização, à qual o Senhor chama a Igreja, no limiar do terceiro milênio. 'Se já cada cristão — escrevem os Padres sinodais — deve estar pronto a defender a fé e a dar a razão da esperança que vive em nós' (1Pd 3,15), com muito maior razão os candidatos ao sacerdócio e os presbíteros devem manifestar um diligente cuidado pelo valor da formação intelectual

na educação e na atividade pastoral..." (PDV 51). Além disso, a situação atual, marcada simultaneamente por uma busca diversificada de expressões religiosas e por uma desconfiança nas capacidades da razão, e por uma mentalidade técnico-científica que ignora as questões éticas e religiosas, exige um nível excelente de formação intelectual. "Acrescente-se ainda que o atual fenômeno do pluralismo, bem acentuado não só no âmbito da sociedade humana, mas também no da própria comunidade eclesial, requer uma particular atitude de discernimento crítico: é um ulterior motivo que demonstra a necessidade de uma formação intelectual, a mais séria possível" (PDV 51).

145. "Esta motivação pastoral da formação intelectual confirma quanto se disse já sobre a unidade do processo educativo, nas suas diferentes dimensões. A obrigação do estudo, que preenche uma grande parte da vida de quem se prepara para o sacerdócio, não constitui de modo algum uma componente exterior e secundária do crescimento humano, cristão, espiritual e vocacional: na realidade, por meio do estudo, particularmente da Teologia, o futuro sacerdote adere à Palavra de Deus, cresce na sua vida espiritual e dispõe-se a desempenhar o seu ministério pastoral" (PDV 51). Por isso, é inaceitável a tendência a diminuir a seriedade e a exigência dos estudos, em razão da deficiente preparação dos candidatos ou por outros motivos. Mais do que nunca os fiéis têm direito à competência, clareza e profundidade daqueles que assumem a responsabilidade de mestres na fé, no desempenho do ministério presbiteral (PDV 56). Para que se realize a unidade do processo educativo e a integração nele da formação intelectual, é

imprescindível que os professores sejam autênticos formadores, preocupados com todas as dimensões do processo formativo e não apenas com a formação intelectual.

146. Para integrar bem a dimensão intelectual com outras dimensões, sobretudo a espiritual, vale citar São Boaventura: "Ninguém pense que lhe baste a leitura sem a unção, a especulação sem a devoção, a busca sem o assombro, a observação sem a exultação, a atividade sem a piedade, a ciência sem a caridade, a inteligência sem a humildade, o estudo sem a graça divina, a investigação sem a sabedoria da inspiração divina" (citado em PDV 53).

147. A finalidade pastoral da formação intelectual dos futuros presbíteros exige que ela tenha por base o estudo da teologia, entendida pelo Concílio Vaticano II como estudo da doutrina católica, à luz da fé e sob a direção do Magistério da Igreja, de modo que os estudantes possam "nela penetrar profundamente, torná-la alimento da própria vida espiritual, anunciá-la, expô-la e defendê-la no ministério" (OT 16). A teologia, por sua vez, exige o estudo da filosofia, que leva a uma compreensão mais profunda da pessoa humana, da sua liberdade, das suas relações com o mundo e com Deus, e que contribui para despertar e educar a procura rigorosa da verdade. A filosofia, por sua vez, para uma compreensão mais profunda da pessoa e da sociedade, exige o estudo das ciências humanas, que também são de grande utilidade para o exercício realista, " encarnado", do ministério pastoral (PDV 52).

148. Em outras palavras, uma formação intelectual sólida para o pastor exige que ele seja levado à uma com-

preensão adequada da realidade humana em que vive, à sua interpretação à luz da fé e a discernir as linhas de ação do seu próprio ministério. Esta exigência foi expressa, em muitos documentos da Igreja, no método ver-julgar-agir. Ele, porém, não deve ser aplicado mecanicamente, sem ter claros os objetivos e sem levar em conta a consistência própria de cada passo. O momento da interpretação teológica não depende do momento da análise da realidade de forma direta e acrítica, mas de outro lado seria perigoso construir a reflexão teológica sobre uma análise da realidade não explicitada e ingenuamente pressuposta. Assim também o "agir" não é mera conseqüência do "ver e julgar", mas ao mesmo tempo é ponto de chegada da reflexão teórica e ponto de partida de novos questionamentos.

149. Os problemas metodológicos, intrínsecos às relações entre ciências humanas e sociais, filosofia e teologia, exigem por parte dos professores atenção crítica e atualização na escolha das problemáticas emergentes. Além disso, a formação intelectual do presbítero levanta numerosos desafios pedagógicos, que também exigem empenho constante por parte dos docentes e renovação dos métodos de ensino. Entre eles mencionamos:

— motivar os iniciantes quanto aos objetivos e à relevância do curso;

— educar ao estudo, ao rigor metodológico, à reflexão crítica;

— despertar o gosto pelo estudo e informação, motivando o estudante para que se eleve a um nível de compreensão e reflexão mais alto;

— procurar comunicar, de forma ordenada e orgânica, o que é realmente essencial e educar à capacidade de síntese, em face da multiplicidade das informações e da crescente especialização das diversas disciplinas;

— promover o crescimento conjunto dos estudos com a vida espiritual e pastoral, de modo que se alimentem mutuamente fé e vida; procurar uma correta interação entre teoria e prática;

— descobrir as raízes da cultura contemporânea, ajudando a discernir seus valores e ambigüidades, e para dialogar com as pessoas do seu tempo;

— prestar grande atenção à necessidade de inculturação da mensagem cristã, muitas vezes formuladas em termos de tradição latina ou ocidental, que devem ser adequadamente interpretados e inseridos em outros contextos culturais.

150. A partir das orientações acima acenadas, os estudos do Seminário Maior podem ser organizados de formas diferentes, respeitadas as exigências mínimas fixadas para a Igreja Universal e as orientações específicas aqui expostas. Consideradas as grandes diferenças culturais que existem no país, a assembléia regional dos Bispos poderá elaborar diretrizes complementares a estas "Diretrizes Básicas", estabelecendo adaptações específicas para a formação intelectual dos seminaristas na respectiva região.

151. As exigências mínimas são:

— dois anos de Curso Filosófico e quatro anos de Curso Teológico, ou um sexênio filosófico-teológico integrado;

— após o 2º grau completo, haja estudos literários e/ou científicos complementares no período propedêutico e ao longo do currículo filosófico-teológico (cf. Cap. III acima);

— o currículo filosófico-teológico sempre se inicie com um curso introdutório ao mistério de Cristo (OT 14; RFIS 62), quando não for incluído no propedêutico.

152. O setor "Seminários" da CNBB promova a publicação de um subsídio sobre os programas das disciplinas filosófico-teológicas, atualizando as orientações do caderno n. 51 dos "Estudos da CNBB".

## XI. ESTUDOS DE FILOSOFIA E DAS CIÊNCIAS AFINS

153. Após um período de fortes questionamentos sobre a pertinência da mediação filosófica para os estudos teológicos, a Filosofia recupera, aos poucos, o seu devido espaço no processo de formação intelectual dos candidatos ao ministério presbiteral. Ela encontra na Exortação Apostólica *Pastores Dabo Vobis* sólidos embasamentos para a formação intelectual do futuro presbítero. Afir-

ma o Santo Padre: "um momento essencial da formação intelectual é o estudo da Filosofia que leva a uma compreensão e interpretação mais profunda da pessoa, da sua liberdade, das suas relações com o mundo e com Deus" (PDV 52). Como poderá o futuro presbítero prescindir de instrumento tão eficaz no processo de discernimento da verdade? E "se não se está certo da verdade, como é possível pôr em jogo a própria vida inteira e ter força para interpelar, a sério, a vida dos outros"? (PDV 52).

154. Haja real empenho na organização do ensino das disciplinas científicas e filosóficas, necessárias para um estudo crítico da Teologia. Elas devem:

— levar a um conhecimento aprofundado da pessoa humana, da sociedade, do mundo e de Deus;

— estimular a compreensão e o diálogo com as formas de pensamento atuais;

— educar à reflexão crítica e à abertura aos novos conhecimentos, que com ritmo acelerado vêm questionando e enriquecendo o saber humano (PDV 52).

155. Os estudos filosóficos, mesmo quando constituírem um ciclo ou curso autônomo, estejam relacionados com o estudo da Teologia. Os estudantes sejam ajudados a descobrir o nexo existente entre os argumentos filosóficos e os mistérios da salvação (OT 15), de modo que integrem, na perspectiva da fé, a formação intelectual e percebam claramente seu sentido pastoral. Não pode faltar, du-

rante o curso filosófico, a continuidade do estudo da Doutrina Católica, a partir do curso de Introdução ao Mistério de Cristo, que pode ser ministrado no Propedêutico (cf. n. 58), e visando preparar o estudante ao curso teológico.

156. Nos estudos filosóficos inclui-se necessariamente o estudo das ciências humanas e sociais (antropologia, sociologia, economia, política, psicologia, pedagogia, comunicação social, literatura, artes...) e a complementação da formação literário-científica (cf. § 58), de forma a não prejudicar o programa completo de filosofia. Por isso, procurar-se-á:

— estudar as noções essenciais e as orientações metodológicas básicas destas disciplinas;

— selecionar os temas de maior interesse, seja para a reflexão filosófica, seja para a futura ação pastoral (realidade latino-americana, temas regionais e outros);

— capacitar para a análise da realidade, em suas estruturas e dinamismos profundos, sem ficar na mera descrição dos fatos;

— não sobrecarregar o currículo normal, mas aproveitar também cursos de extensão, seminários, palestras complementares.

157. Juntamente com o estudo das ciências sociais e da filosofia, deve-se proporcionar, aos futuros presbíteros, o estudo da doutrina social da Igreja, que ilumine criticamente as questões analisadas pelas ciências e contri-

bua para a indicação de pistas de ação pastoral a serem aprofundadas no âmbito dos estudos teológicos (DP 472-474; CEC, A Doutrina Social da Igreja na Formação Sacerdotal, 1988).

158. Permita-se, aos alunos que o desejarem, dedicar-se a outros estudos ou desenvolver aptidões artísticas, sem prejuízo do curso de filosofia. A todos se dê um conhecimento da cultura brasileira e da mentalidade científico-tecnológica em seu impacto sobre a sociedade.

159. O ensino da filosofia deve abranger, através de um currículo ordenado, três aspectos principais:

— um bom conhecimento da história da Filosofia;

— uma apresentação sistemática e aprofundada dos tratados clássicos, na formulação que recebem hoje pelos bons autores;

— uma apresentação crítica das principais correntes da Filosofia contemporânea, especialmente daquelas que exercem mais influência sobre a cultura nacional e sobre as próprias correntes teológicas atuais, de modo que esse estudo contribua para melhor compreensão do pensamento e dos valores dos homens de hoje.

160. Recomenda-se que esses estudos tenham a duração de três anos (ou uma carga horária equivalente). Em hipótese nenhuma, poderão ser inferiores a dois anos (RFIS 61 e 70).

161. O currículo dos estudos filosóficos incluirá, como mínimo, as seguintes disciplinas e respectiva carga horária:

| | |
|---|---|
| Metodologia Científica | 30 horas/aulas |
| Lógica | 60 horas/aulas |
| Teoria do Conhecimento e Filosofia das Ciências | 90 horas/aulas |
| História da Filosofia | 240 horas/aulas |
| Filosofia Geral: Problemas antropológicos | 90 horas/aulas |
| Filosofia Geral: Problemas metafísicos | 90 horas/aulas |
| Filosofia da Religião | 60 horas/aulas |
| Ética | 90 horas/ aulas |
| Filosofia Social e política | 90 horas/aulas |
| Filosofia da linguagem | 60 horas/aulas |
| Psicologia | 60 horas/aulas |
| Sociologia | 60 horas/aulas |
| Introdução à Economia (ou História dos Sistemas Econômicos) | 60 horas/aulas |
| Outras disciplinas (versando, principalmente, sobre a sociedade e cultura brasileira, política, comunicação social e pedagogia) | 120 horas/aulas |

162. A carga horária do currículo mínimo dos estudos filosóficos é de 1.200 horas, correspondentes a 20 horas semanais, durante 30 semanas, em dois anos.

**Nota:** Tanto a carga horária quanto o currículo proposto são "mínimos". Segundo a praxe da Universidade brasileira, é preciso distinguir currículo mínimo e currículo pleno. O currículo "mínimo" é constituído por um conjunto de elementos (matérias ou disciplinas, carga horária, estágios...) que não podem faltar no currículo do Curso. O currículo "pleno" é o currículo efetivamente adotado por uma Escola Superior e que o aluno deve cumprir para concluir o Curso. Além do currículo mínimo, o currículo pleno inclui outros elementos (disciplinas, carga horária etc.), que a Escola julga necessários à boa formação de seus alunos e, principalmente, dispõe os diversos elementos do currículo segundo uma ordem pedagógica adequada ao contexto. Em resumo, o currículo mínimo é somente um elemento, embora normativo, obrigatório, do currículo pleno. Todo Seminário ou Instituto deverá elaborar seu currículo pleno, nele incluindo o currículo mínimo aqui estabelecido.

163. Na determinação do currículo pleno, incluamse, além das disciplinas do currículo mínimo, as disciplinas complementares de formação artística e literária e os programas de formação religiosa, adequados à etapa de desenvolvimento intelectual do estudante. Sejam obrigatórios o estudo do latim, nos termos do cânon 249 do Código de Direito Canônico, e o estudo de uma língua estrangeira moderna. Recomenda-se a iniciação ao uso da informática.

164. Essas orientações valem para os cursos de filosofia em Institutos eclesiásticos. O seminarista que rea-

lizar seus estudos filosóficos em faculdade não eclesiástica, receba formação complementar no Seminário, de modo a relacionar o estudo da filosofia com a fé cristã e a ação pastoral.

165. Sugere-se que o curso filosófico exija a elaboração de uma monografia ou de um trabalho de conclusão.

166. O currículo filosófico seja organizado de tal forma que facilite sua convalidação nos termos da legislação civil.

## XII. ESTUDOS TEOLÓGICOS

167. Os estudos teológicos devem ser realizados de modo a alcançar o objetivo proposto pelo Concílio Vaticano II, ou seja, "que os estudantes possam acuradamente haurir da Revelação divina a doutrina católica" (OT 16). Devem também levar o futuro presbítero a perceber claramente as conseqüências da Revelação divina com relação à missão da Igreja e ao compromisso dos cristãos pela transformação da sociedade (DP 325-327).

168. As exigências dos estudos teológicos se deduzem não somente das normas explícitas de *Optatam Totius;* nem de seus comentários oficiais, mas de todo o conjunto da reflexão teológica do Concílio. Esta se caracteriza por importantes opções de conteúdo e de método. Ela é, antes de tudo, pastoral e a serviço da evangelização do mundo contemporâneo, com o qual procura o diálogo. Ela propõe, de forma positiva, as grandes verdades da

Revelação cristã, mas numa linguagem que as torne compreensíveis ao homem de hoje. Alimenta-se nas fontes: a Escritura, os Padres, a Tradição viva da Igreja, que também se manifesta no "sensus fidei" do povo cristão (LG 12). Faz da Sagrada Escritura a "alma de toda a teologia". Mas tem consciência do problema hermenêutico ou da necessidade de "traduzir" o significado dos dogmas cristãos no contexto da cultura atual. Tem uma dimensão ecumênica, de diálogo com as outras Igreja cristãs, com as religiões e com o humanismo ateu. O programa teológico do Concílio é exigente, mas particularmente adequado à formação dos futuros pastores, aos quais propõe uma teologia não separada da vida espiritual e do ministério pastoral, do desenvolvimento e aprofundamento de uma fé cristã empenhada no mundo. (Recomenda-se especialmente o estudo e aplicação diligente do documento da CEC, A Formação Teológica dos Futuros Padres, 22.02.1976).

169. A formação teológica deve estar integrada no conjunto da formação intelectual e, principalmente, com a totalidade da vida do Seminário. Exige também organização didática adequada (cf. adiante cap. XIII) e sério empenho do corpo docente para que a amplitude de horizonte não resvale em dispersão dos estudos e a multiplicidade de interesses não impeça uma síntese orgânica e sólida.

170. A formação teológica deve levar o candidato ao presbiterato "a possuir uma visão das verdades reveladas por Deus em Jesus Cristo e da experiência de fé da Igreja que seja completa e unitária: daqui a dúplice exigência de conhecer 'todas' as verdades cristãs, sem fazer opções arbitrárias, e de as conhecer de modo orgânico" (PDV 54).

171. Os estudos teológicos devem totalizar ao menos um quadriênio completo (RFIS 76; CDC 250) ou contar com uma carga horária equivalente, caso estejam integrados com o Curso de Filosofia.

172. O currículo dos estudos teológicos incluirá, como mínimo, as seguintes matérias e respectiva carga horária:

| | |
|---|---|
| Sagrada Escritura (Introdução e Exegese) | 450 horas/aulas |
| Teologia Sistemática (Fundamental e Dogmática) | 600 horas/aulas |
| Teologia Moral | 300 horas/aulas |
| Teologia Espiritual | 45 horas/aulas |
| História da Igreja | 240 horas/aulas |
| Patrologia | 60 horas/aulas |
| Liturgia | 120 horas/aulas |
| Missiologia e Pastoral | 180 horas/aulas |
| Direito Canônico | 120 horas/aulas |
| Ecumenismo | 45 horas/aulas |
| Disciplinas que possam auxiliar a formação pastoral (tais como: Psicologia da Religião, Sociologia da Religião, Pastoral da Comunicação, Homilética, Pastorais especializadas, Administração Paroquial etc.) | 240 horas/aulas |

173. A carga horária do currículo mínimo dos estudos teológicos é de 2.400 horas, correspondentes a 20 horas semanais, durante 30 semanas, em 4 anos.

174. Recomenda-se o estudo das línguas bíblicas: grego e hebraico.

175. O curso teológico seja concluído com a apresentação de uma síntese escrita ou oral.

176. Além do currículo e das indicações fundamentais já assinaladas, os estudos teológicos terão como referências ou perspectiva as *Diretrizes Gerais da Ação Pastoral,* publicadas periodicamente pelo episcopado brasileiro.

177. O Diaconato seja conferido, somente, após o término do terceiro ano de Teologia. A ordenação presbiteral seja conferida, após o exercício da ordem diaconal, por tempo conveniente, terminado o currículo filosófico-teológico (CDC 1032 § 2º).

## XIII. ORGANIZAÇÃO DOS ESTUDOS E DIDÁTICA

178. O Decreto *Optatam Totius* recomenda principalmente dois cuidados na organização dos estudos: a reformulação dos métodos didáticos e "a unidade e solidez" da formação intelectual. Este objetivo não se alcança somente através de currículos e programas cuidadosamente elaborados, de modo que evitem "a multiplicação de disciplinas e as questões de pouca monta", como quer o Concílio, concentrando-se num conteúdo doutrinário substancioso e orgânico e nas questões de real interesse pastoral (OT 17). Exige também que o corpo docente trabalhe de forma integrada, num processo coletivo e permanente de planejamento e revisão do ensino, de avaliação de seus resultados, de atualização de métodos e programas. Para dinamizar este processo haja um coordenador dos estudos e

reuniões periódicas do corpo docente. Os professores tenham em conta que também são formadores. Por isso, não devem se fechar numa mera preocupação acadêmica com sua própria disciplina, mas viva em espírito eclesial, participando do conjunto do processo formativo (VMPPV 292; CDC 254 § 1º; PDV 67).

179. Os métodos didáticos devem prever uma oportuna e equilibrada alternância de aulas expositivas e de trabalhos dos alunos, em que estes possam se exercitar gradativamente no estudo, na pesquisa, no debate das questões intelectuais e pastorais. Em particular, a partir da formação doutrinária básica e complementando-a, o estudante deve se exercitar na análise de situações e problemas concretos, na formação do juízo crítico, no discernimento das implicações doutrinárias e pastorais, na compreensão da cultura popular, no diálogo e na comunicação com pessoas e grupos diversos.

180. O estudante deve ser educado ao uso da biblioteca e dos instrumentos bibliográficos e de pesquisa científica adequados a seu programa de estudos e ao seu futuro ministério. Acompanhe, desde já, alguns periódicos de teologia e pastoral, que durante a vida ministerial serão subsídios indispensáveis para as suas tarefas e a sua atualização. Os principais Institutos Filosófico-teológicos procurem coordenar seus esforços para organizar e divulgar, através de oportunas publicações, subsídios didáticos e bibliográficos necessários para manter e desenvolver a qualidade e o rigor dos estudos.

181. Os estudos filosófico-teológicos sejam organizados de tal forma que o desempenho dos estudantes seja

avaliado freqüentemente. Prepare-se o estudante a enfrentar as justas exigências e sérios desafios que surgem do próprio trabalho pastoral, na sociedade de hoje, que requer do pastor competência doutrinária e intelectual.

182. A Conferência Nacional dos Bispos, com a colaboração da Organização dos Seminários (OSIB) e dos Institutos filosófico-teológicos mais qualificados, publique periodicamente orientações mais detalhadas sobre conteúdos, métodos e bibliografia para os estudos filosófico-teológicos (como fez com o n. 51 da coleção "Estudos da CNBB").

# 3ª SEÇÃO: FORMAÇÃO PERMANENTE E FORMAÇÃO DOS FORMADORES

## XIV. FORMAÇÃO PERMANENTE

183. Já o Concílio Vaticano II (OT 22) e a Ratio (RFIS 100) recomendavam a continuação e o aperfeiçoamento da formação do presbítero não só nos primeiros anos após a ordenação, mas durante a vida inteira. Esta formação permanente torna-se cada dia mais necessária e foi recomendada vivamente por nosso Episcopado (VMPPV 349). Mais recentemente, a Exortação *Pastores Dabo Vobis* confirmou e urgiu a continuidade da formação dos presbíteros (PDV 6) e a Congregação para o Clero ofereceu preciosas orientações no cap. III do Diretório para o Ministério e Vida do Presbítero.

184. A Formação permanente é um imperativo que se impõe como processo de crescimento de todo ser humano. Para os presbíteros, ela encontra seu fundamento próprio e sua motivação original no dinamismo do ministério da evangelização (PDV 70). A complexidade e diversificação social, cultural e técnico-científica do País também exigem que a formação básica dos presbíteros seja prolongada numa formação especializada. Esta estará voltada para a ação pastoral em determinados ambientes ou setores da sociedade, inclusive nos organismos pastorais e movimentos de leigos e poderá incluir, além de estudos avançados de teologia, aperfeiçoamento em ciências humanas e artes.

185. A formação inicial e a permanente devem estar integradas de tal modo que não haja ruptura entre tempo de formação no seminário e aquela que se faz necessária durante o exercício do ministério. Cada Diocese ou Regional deve programar e organizar cursos e outras modalidades de formação permanente dos quais os presbíteros têm obrigação de participar.

186. Dada a variedade das situações diocesanas e regionais no Brasil, não é possível traçar, aqui, normas práticas comuns. Impõem-se, contudo, algumas diretrizes básicas e gerais:

— o sujeito da formação permanente é a própria pessoa do presbítero: nada poderá substituir seu empenho livre e convicto; o próprio exercício do ministério será uma oportunidade de formação continuada, se transforma em fé viva o que lê, ensina o que crê, e procura realizar o que ensina (PDV 24 e 72);

— o método fundamental é a reflexão sobre a prática, a partir das experiências diárias da vida, vistas à luz da Palavra de Deus, em busca de constante conversão, aprofundamento, nova aprendizagem;

— a comunidade dos presbíteros da diocese é o primeiro ambiente de formação com todas as reuniões, encontros fraternos ou festivos, celebrações, exercícios espirituais e na colaboração para o serviço pastoral; instrumentos eficazes de formação e exercício comunitário do ministério são também as associações e fraternidades presbiterais (PDV 81);

— lugar privilegiado da formação permanente é também o ambiente pastoral, no qual o presbítero exerce seu ministério, sabendo dar e receber, falar e escutar, caminhando e aprendendo com o seu povo, no dia-a-dia;

— nos primeiros anos após a ordenação, em continuidade com a formação do Seminário, é oportuno que o bispo promova encontros periódicos com os padres novos, que lhes possibilitem troca de experiências, reflexão crítica sobre a ação pastoral, atualização teológica e cultural e — não menos importante — acompanhamento espiritual e convivência fraterna;

— a Diocese, com a cooperação dos organismos da CNBB, deve oferecer, a todos os padres, estímulos e oportunidades de atualização ou reciclagem, sob diversas formas:

* seminários ou cursos intensivos sobre assuntos de atualidade teológica ou pastoral;
* cursos de atualização;
* ano de reciclagem ou ano sabático;
* especialização;
* experiências temporárias em áreas de missão.

187. Convém que o conselho presbiteral, com a aprovação do Bispo Diocesano, indique um presbítero ou uma equipe responsável por viabilizar o programa de formação permanente dos presbíteros.

188. A importância da atualização é tal que, se preciso for, por ela se deverá sacrificar, temporariamente, o serviço a uma comunidade (VMPPV 348). Pois, a atualização é um ato que expressa a fidelidade do presbítero a seu ministério, e o seu amor ao povo de Deus, destinatário da Palavra e da Caridade Pastoral (PDV 70).

189. O gosto pela formação permanente e a contínua atualização dos estudos devem ser despertados no futuro presbítero, desde o Seminário, inclusive através da educação à leitura, à informação sistemática, à reflexão pastoral, ao uso dos meios de comunicação adequados e à sadia distribuição do próprio tempo de trabalho e lazer.

190. Na Exortação Apostólica *Pastores Dabo Vobis*, o Santo Padre, retomando a Encíclica *Redemptoris Missio,* insiste: "Todos os sacerdotes devem ter um coração e uma mentalidade missionária, devem estar abertos às necessidades da Igreja e do mundo, atentos aos mais afastados e, sobretudo, aos grupos não-cristãos do próprio ambiente. Na oração e, em particular, no sacrifício eucarístico, sintam a solicitude de toda a Igreja por toda a humanidade" (PDV 32). Por isso, durante a reciclagem, sobretudo para os presbíteros mais novos, organizem-se cursos de animação missionária, ou destaque-se a dimensão missionária da vida presbiteral.

## XV. FORMAÇÃO DOS FORMADORES

191. A urgência na formação de presbíteros qualificados para o trabalho pastoral no mundo de hoje contrasta com a escassez de formadores e com a defasagem que se nota, em muitos Seminários e Institutos, entre nossos métodos de ensino e aprendizagem e as exigências de renovação pedagógica (Diretrizes sobre a Preparação dos Educadores nos Seminários — DPES 6-11). Por isso, a Igreja no Brasil deverá empenhar-se, de modo especial, na escolha e qualificação de presbíteros capazes que assumam, com espírito de oblação, a tarefa ingente da formação.

192. O presbitério, com o Bispo, escolha e prepare presbíteros para trabalhar como educadores, na formação dos futuros padres, considerando essa missão pastoral das mais necessárias e urgentes.

193. Evite-se a improvisação na escolha de formadores e professores, e procure-se conseguir a colaboração de religiosos (as) e leigos (as), formados em filosofia e teologia, como professores dos seminários.

194. A preparação dos educadores (reitores, diretores espirituais, professores, supervisores dos estágios pastorais) destinados à formação dos futuros presbíteros, exige um investimento, humano e financeiro, cada vez maior, proporcional às necessidades de cada diocese. Neste sentido, superando o imediatismo da urgência do povo de Deus em suas comunidades, é preciso planejar a longo prazo, investindo agora na formação dos formadores.

195. Na escolha dos formadores leve-se em conta os seguintes critérios: espírito de fé e testemunho de vida, manifestados na alegria da dedicação total a Cristo e à sua Igreja; sentido e experiência pastoral; espírito de comunhão e disposição para trabalho em equipe; maturidade humana e equilíbrio psíquico; capacidade de amar e ser amado, manifestada na atitude de paternidade espiritual para com os formandos; disponibilidade para ouvir e dialogar; atitude positiva e crítica diante da cultura atual (DPES 26-42).

196. Além da diversidade de cursos oferecidos no país e no exterior, as Dioceses poderão contar com o serviço da Conferência Nacional dos Bispos do Brasil, que, junto com a Organização dos Seminários e Institutos (OSIB), continuará promovendo cursos de aperfeiçoamento e atualização para os formadores, inclusive de seminários menores e propedêuticos, bem como cursos básicos no campo doutrinal, pastoral, humano-afetivo, espiritual,

pedagógico e intelectual, levando em conta as linhas fundamentais da formação sugeridas pelos documentos da Igreja (DPES 53-59).

197. Os formadores dos Seminários e Institutos, quer diocesanos quer religiosos, sejam incentivados a participar dos encontros da OSIB, entidade que serve para troca de experiências, estudos de temas ligados à sua tarefa, formação permanente dos formadores e atualização teológico-pastoral-pedagógica.

198. As Dioceses e Congregações Religiosas cuidem de encaminhar para estudos científicos ou de pós-graduação, em Universidade do País ou do exterior, um conveniente número de presbíteros, humana e intelectualmente dotados, com experiência pastoral, amor à Igreja e séria vida espiritual, que possam preparar-se para a formação e o magistério, antes de tudo nos Seminários e Institutos Teológicos. Valorize-se o Colégio Pio Brasileiro, mantido em Roma pelo nosso Episcopado para facilitar a realização dos estudos de especialização e pós-graduação por parte de candidatos idôneos, consideradas, também, a qualidade e a variedade dos cursos oferecidos pelas Universidades Romanas.

# ANEXOS

# PLANO PROGRESSIVO E INTEGRADO DE OBJETIVOS DA FORMAÇÃO PRESBITERAL*

| METAS CONCRETAS | | DIMENSÕES | | | | |
|---|---|---|---|---|---|---|
| | | PASTORAL (Eixo Intefrador) | HUMANO-AFETIVA | COMUNITÁRIA | ESPIRITUAL | INTELECTUAL |
| OBJETIVO GERAL: Formação da Pessoa | Identidade pessoal | Desenvolver a capacidade de escuta: primeira condição para o serviço à comunidade. | Buscar a maturidade pessoal em Jesus Cristo. Conhecer-se. Identificar-se com Jesus e seus valores. | Estar vigilante face ao individualismo, consumismo e hedonismo. | Iniciação à Contemplação. Leitura da vida dos santos. Exercício: escrever e partilhar o que se contempla. | Conhecimentos gerais. Formação artístico-literária. Estudo de línguas. Introdução à história e ao mistério de JC. |
| | Convivência comunitária | Convivência integrada, participando de grupos e movimentos. | Ser pessoa em comunidade. Adquirir motivações baseadas nos valores evangélicos e capacidade de julgar à luz dos mesmos. | Motivar para a vida comunitária. Respeito mútuo baseado na fé. | Castidade como abertura ao Reino. Espiritualidade da comunidade de JC. Acompanhamento e direção espiritual. | Filosofia. Ciências da pessoa. Introdução à história e ao mistério da Igreja. |
| | Inserção social | Ser serviçal. Assumir iniciativas de organização e planejamento de comunidade. Aprender a administrar conflitos. | Capacitar-se ao relacionamento com os outros, com o diferente. | Analisar a si, a comunidade e a realidade social, levando em conta os conflitos. Conhecer os motivos do passivismo e ativismo. | Pobreza como serviço e solidariedade com os pobres. Espiritualidade do seguimento e da cruz. | Ciências Sociais. Análise da realidade. Relação entre razão e fé. |

| | | | | | | |
|---|---|---|---|---|---|---|
| OBJETIVO ESPECÍFICO: Formação do presbítero | Ministério da Palavra | Exercício de Comunicação e Homilética. Pastoral do Aconselhamento pessoal. Acentuação missionária. | Internalizar os valores do Evangelho. Educar-se para o diálogo: sair de si e ir ao outro. | Leitura comunitária da Bíblia. Correção fraterna à luz do Evangelho. | Espiritualidade da vontade de Deus. Espiritualidade Mariana. Leitura Orante da Bíblia. | Fundamentos teológicos de Evangelização e Catequese. |
| | Ministério da Liturgia | Exercício da presidência de Celebrações da Palavra e outras formas celebrativas. | Celebrar a vida pessoal e comunitária no mistério de Cristo e da Igreja. | Celebração comunitária da Eucaristia, da Reconciliação e da Liturgia das Horas. | Espiritualidade da Eucaristia e da Reconciliação. Obediência à Igreja. | Fundamentos teológicos da Celebração da Liturgia. |
| | Ministério do Pastoreio | Valorização dos ministérios leigos. Pastorais Sociais. | Realizar-se como pessoa no exercício do Pastoreio. | Abertura à fraternidade presbiteral e à pastoral de conjunto da Diocese. | Obediência ao Espírito. Espiritualidade do serviço e da caridade pastoral. | Fundamentos teológicos para a ação pastoral do presbítero. |

**NB.:** É bom ter presente que esse quadro apresenta elementos essenciais de formação presbiteral. Não há etapas estanques. Supõe-se que para se atingir os objetivos específicos, tenha-se alcançado os gerais. Estes, porém, serão permanentes para a vida do presbítero.

---

* Cf. n. 92.

# ÍNDICE TEMÁTICO

**BISPO:** relação de comunhão dos presbíteros com ele 18/125; responsável pela adaptação das Diretrizes 25; pelo processo de discernimento vocacional 30; pela pastoral orientada para as vocações sacerdotais 32; é quem decide a modalidade do seminário 45/70/78; avalia as condições dos candidatos 66/67; primeiro representante do Cristo na formação dos presbíteros 80; estreita comunhão do seminário com ele 90/103/108/134; deve indicar o orientador espiritual 136; as decisões pastorais devem ser tomadas em comunhão com ele 141; deve encontrar-se regularmente com os padres novos 186; viabilizar a formação permanente 187; com o presbitério, escolhe o formador 192.

**CARIDADE PASTORAL:** objetivo das experiências pastorais 94; fundamento da vida do presbítero e meta de sua formação global 110; unifica a vida e o ministério do presbítero 121; dinamismo do crescimento espiritual 126; cultiva-se na Eucaristia 129; a formação espiritual se desenvolve por ela 131; sinal luminoso para o celibato 142; seu destinatário é o Povo de Deus 189.

**CELIBATO:** opção por ele 112; deve ser assumido livremente 112; o seu carisma 116; expressão eminente da gratuidade do Reino 142; é uma experiência de amor 142; testemunha ao mundo a possibilidade de um amor gratuito 142.

**COMUNHÃO:** com o divino 11; na fé dos cristãos 11; trinitária 18/104/121; com o Bispo e presbíteros 18/103/123; fraterna 37; com toda a Igreja e com a local 38; com o presbitério 63/74; dos professores com os formadores 76; na equipe de formadores 90; do seminário com o Bispo 90; com a vida do povo 94; com Cristo 103; com Deus e com os irmãos 105; e participação na Igreja 114; precisa ser cultivada 117; com a ação pastoral da Igreja local 121; da Igreja 122/128; e participação no meio do povo 123; com Deus em Cristo 129; é elemento essencial da espiritualidade cristã 133; de bens 139; seu espírito é necessário para o trabalho na formação 195.

**COMUNIDADES:** suas expectativas 2; círculos bíblicos as multiplicam 9; algumas se descuidaram da PV 10; devem ser desenvolvidas no meio urbano 11; de formação 23; cristãs 35; onde se renova a experiência de comunhão fraterna 37; no despertar das vocações elas expressam sua eclesialidade 37; local de experiência pastoral 95.

**CRISTO** (cf. Jesus): nos confiou uma missão 12; o padre deve assemelhar-se a Ele 18; Cabeça, Sacerdote e Pastor da Igreja 18; os presbíteros agem em nome e pessoa dele 18; exemplo de Pastor 19; sua graça sustenta a pastoral 22; segui-lo é objetivo da formação 51; o propedêutico deve introduzir os vocacionados no seu mistério 58; o seminário é o ambiente onde se aprende a viver em intimidade com Ele 63; o bispo é seu representante na formação dos presbíteros 80; é preciso comungar de sua caridade 82; não veio para ser servido 82; é o centro do método participativo na formação 88; viveu em comunhão com seus discípulos 90; objetivo das experiências pastorais dos seminaristas é crescer na assimilação pessoal de suas atitudes 94; o ministério presbiteral participa de sua missão 94; fundamento da vida comunitária 103; paradigma da verdadeira amizade 116; fundamento da unidade de vida e espiritualidade presbiteral 121; o futuro presbítero será configurado a Ele 122; o presbítero é chamado a ser ministro de sua presença 123; sua presença se expressa na Palavra e nos Sacramentos 128; sua ressurreição dimensiona a penitência 130; está presente no rosto sofredor 139; dedicação total a Ele 195.

**CULTURA** (inculturação): pluralismo 5/11; movimentos são sinais de esperança 8; novas condições 10; tradição 11/19;

dominante 11; ação pastoral deve respeitar 11; da morte 17; seu ponto de vista 21; mecanismos de dominação 21; em relação à PV 36; dimensão da 42; bagagem dos candidatos 52; brasileira 58/160/161; popular 58/181; de origem dos candidatos 61; negra e indígena 61; contextos diversos 71/87; desafios da 95; do povo 103; o candidato deve manter um contato com a de origem 118; contemporânea 149/168/195; necessidade de 149; diferenças no país 150/184.

**DIOCESES:** cooperação entre elas 25/70/77; devem priorizar a PV 32; precisam acabar com a discriminação que afasta os pobres dos ministérios 41; os seus bispos determinam as instituições adequadas à formação 45; precisam incentivar as vocações 50; devem se ajudar na implantação do propedêutico 62; relação do candidato com elas 77; as de maior recursos devem ajudar as outras 78/79; devem se esforçar para elaborarem um plano progressivo de formação 92; são lugar de estágio pastoral de férias 96; grupos de presbíteros vivem em comunidade 104; dimensão missionária dos presbíteros 132; organizem a formação permanente 185/186; seus presbitérios são o primeiro ambiente de formação 186; formação dos formadores 194; poderão contar com os serviços da CNBB 196; especialização dos presbíteros 198.

**EPISCOPADO:** promove a PV 28; publica as Diretrizes Gerais da Ação Pastoral 176; recomenda a formação permanente 183; mantém o Pio Brasileiro 198.

**EQUIPE DE FORMAÇÃO:** como é composta 89; distinção de funções de seus membros 91; escolhe o lugar pastoral dos seminaristas 96; participa do discernimento vocacional dos candidatos 120.

**ESPERANÇA:** seus sinais na nova sociedade 8; do povo 118; na caminhada da libertação 129; do presbitério e da comunidade eclesial diocesana 132; dar sua razão 144.

**ESPÍRITO SANTO:** é nele que cada fiel deve cultivar a própria vocação 33; faz crescer a Igreja 38; protagonista da formação presbiteral 86; necessária comunhão com Ele 121; a unidade de vida do presbítero se constrói na docilidade a Ele 121; o presbítero deve viver sua força 122; Ele é quem dá sentido autêntico à oração cristã 135.

**ESPIRITUALIDADE:** pouco amadurecida 15; laical 71; formação 121; trinitária, cristocêntrica e eclesial 122; de encarnação 123; amor filial com Maria 124; etapas 125; processo 126; ano litúrgico 128; celebração Eucarística 129; vida comunitária 133; novas formas 134; expressões concretas 136; dias de 137.

**EUCARISTIA** (sacrifício): através dela se exercita a obra da salvação 82; momento central da vida comunitária 105; centro e cume da vida da Igreja 129; suas diversas dimensões 129; princípio e fonte de unidade da vida do presbítero 129; nela se expressa a solicitude de toda a Igreja 190.

**EVANGELHO:** seu anúncio deve ser uma motivação profunda dos candidatos 17; para seu anúncio, os presbíteros agem e existem 18; falta seu espírito no mundo 19; as diretrizes da formação se inspiram nos seus valores 23; o seminário deve ser uma escola dele 63; suas exigências 69; inspira a vida comunitária 101; deve ser pregado em toda parte 132; a pobreza evangélica é seu sinal forte 139; deve ser anunciado especialmente aos mais empobrecidos 139.

**EVANGELIZAÇÃO:** é prioridade na vida do presbítero 19; a dimensão da inculturação 42; desafio da Nova 144; do mundo contemporâneo 168, na formação permanente 184.

**FÉ:** dos cristãos de hoje 11; sua vivência mais autêntica 15; a coerente é uma motivação profunda vocacional 17; é exigida na missão do presbítero 19; viva e madura 52; frágil nos candidatos 52; experiências de 57; doutrina 66; à luz dela se verifica a autenticidade da vocação 68; critério de juízo e avaliação 127; sua defesa 144; seus mestres 145; o estudo da teologia a exige 147; interpretação da realidade à sua luz 148; e vida 149; formação intelectual na sua perspectiva 155; relacioná-la com o estudo da filosofia e a ação pastoral 164; da Igreja 170; o presbítero deve transformar o que lê em vida 186; seu espírito como critério de escolha de formadores 195.

**FORMANDO:** atenção especial à pessoa 56/107; dimensão espiritual 57; abertura e importância da vida comunitária 59/60; participação no processo de discernimento vocacional 68; direitos e obrigações 91.

**HUMANO-AFETIVO:** aprimoramento da formação 55; lugar prioritário no propedêutico 56; em vista do amadurecimento integral e harmônico 92; as experiências pastorais devem levar o seminarista à integração 94; oportuna formação 110; é básica para o celibato 112; é um processo 115; objeto de cursos da OSIB 196.

**IGREJA:** sua doutrina fundamenta as Diretrizes da Formação 2; renovação pastoral na do Brasil pós-Vaticano II 9; piedade popular 9; solidariedade entre Igrejas 9; o povo põe sua confiança nela 9; repercussão das transformações sociais no seu interior 10; sua ação deve diversificar-se 11; presença pública 11; falta de inserção dos vocacionados 15; amor e serviço a ela 17; seu magistério 18; revela a identidade do presbítero 18; Cristo é seu Pastor 18; os presbíteros devem edificá-la 18; fidelidade à sua caminhada na América Latina 19; é chamada a repartir as tarefas entre os presbíteros 21; sua ação no meio rural 21; deve cuidar da saúde física e psíquica de seus presbíteros 22; inserção dos agentes nela 26; todos os seus membros devem assumir a PV 28; seu plano global 28; cria equipes de PV 29; toda ela participa do processo de discernimento do vocacionado 30; a vocação sacerdotal é um dom para ela 31; é seu dever gerar e educar os vocacionados 31; preocupação pastoral deve estar no seu coração 31; testemunho presbiteral é fonte de vocações para ela 33; a família cristã participa de sua missão educativa 34; as escolas devem ajudar os jovens a se abrirem aos seus apelos 36; toda ministerial 37; comunhão com a Local 38; cultivo multiforme das vocações 43; adequada compreensão 55; acontecimentos importantes 57; pastoral orgânica 59; doutrina presbiteral definida por ela 65; cooperação fraterna entre Igrejas 79; ecumenismo 94; os seminaristas devem participar de seus planos de pastoral 97; relação do seminário com ela 108; comunhão e participação 114; é relativa a Jesus Cristo 123; Cristo está presente nela 128; Eucaristia é seu centro e cume 129; abertura à universal 132; sua opção preferencial na América Latina 139; celibato é um dom precioso e condição de exercício do ministério 139; seus documentos 148; o seminário maior deve respeitar suas exigências mínimas 150; sua doutrina social 157; sua Tradição viva 168; experiência de fé completa e unitária 170; abertura às suas necessidades 190; deve escolher os presbíteros para a formação 191; dedicação total a ela 195; amor a ela 198.

**JESUS** (cf. Cristo): seu seguimento 17/84; ofereceu em si mesmo o rosto definitivo do presbítero 18; aponta o caminho presbiteral como opção realizadora 33; com quem os filhos devem confrontar seus ideais 34; nos propõe seu seguimento radical 35; chama os seminaristas 39; com o formando deve fazer uma profunda experiência de amizade 57; modelo e referência ideal de convivência 63/103; Nosso Senhor e Mestre, Sacerdote e Pastor 82; redentor do homem 110; a Igreja é essencialmente relativa a Ele 123; filho de Maria 126; modelo do autêntico discípulo 131; mantém com o Pai um colóquio filial 135; paradigma da pobreza evangélica 138; revelador do Pai 170.

**LATINO-AMERICANO (A):** sociedade 3; Conferências Episcopais 9; episcopado 1/2/42; realidade 158.

**LEIGO:** movimentos e associações 38; presença na formação 53/71; participação como educador 90; com quem os seminaristas devem manter um convívio fraterno 98/99/131; para quem a formação permanente deverá estar voltada 184; professor de seminário 193.

**MARIA:** expressão iminente da Igreja 123; amor filial para com ela 124.

**MISSÃO:** a que Cristo confiou ao presbítero 12; do presbítero 18; qualidades que ela exige do presbítero 19; vocação sacerdotal um bem para a Igreja 31; geradora e educadora de vocações 31; educativa da Igreja 34; dos formandos 63; abertura a ela 69; do Cristo Bom Pastor 94; de salvação até os confins da terra 94; confiada por Cristo aos Apóstolos 94; no mundo 103; requer autodomínio 119; dedicação de amor a ela 124; universal 132; presbiteral 135; experiências temporárias em áreas próprias 186; formação dos futuros padres 192.

**MULHER:** marginalizada 9; presença na equipe do propedêutico 53; seu carisma na formação 71; presença na equipe de formação 90; relacionamento do presbítero com ela 116; celibato como sinal do destino transcendente 142.

**ORAÇÃO:** superficialidade nela 20; mais tempo a ela 22; vida 55/69; salmos 57; métodos 66; pessoal, espontânea e contemplativa 126; pessoal e comunitária 128/129; os presbíteros devem ser mestres 128; no regulamento do seminário deve ter seus momentos 134; educador para 135; seu sentido autêntico 135; manhãs de 137; por toda a humanidade 190.

**PALAVRA DE DEUS:** fundamento da formação presbiteral 2; seja melhor entendida 82; reflexão sobre ela 105; sua escuta 126; o futuro presbítero: luz e força da vocação 127; adesão a ela 145; na formação permanente 186.

**PASTORAL:** renovação pós-Vaticano II 9; de conjunto 9; experiência brasileira 10; articulação nas Diretrizes Gerais da Ação Pastoral na Igreja do Brasil 11; novas exigências 12; falta de experiência dos candidatos 15; sobrecarga de trabalho 20; complexidade do momento presente 21; urbana 21/59/104; da juventude 35; orgânica 59; caráter essencial da formação 82; finalidade da formação 83; em vista do amadurecimento do formando 92; aspecto teórico e prático 93; metodologia 95; trabalho planejado, acompanhado e avaliado 96; plano da Igreja Local 97; engajamento do seminarista 100; dimensão missionária 108; formação litúrgica 128; motivação e finalidade da formação intelectual 145/147/155; sua relação com a filosofia 164; com a teologia 168; seu lugar no currículo 172; sérios desafios da prática 181; formação especializada 184; lugar privilegiado para a formação permanente 186; presbíteros qualificados para o trabalho no mundo de hoje 191; missão importante na formação 192; critério de escolha de formador 195; presbíteros para cursos de especialização 198.

**PASTORAL VOCACIONAL:** dinamização 09; descuido 10; objetivos 27; é constitutiva da pastoral global da Igreja 28; necessidade de equipes 29; responsabilidade dos bispos 32; dos presbíteros 33; da família cristã 34; dos grupos de jovens 35; das escolas e educadores 36; das pequenas comunidades 37; dos movimentos leigos 38; dos seminaristas 39; deverá ter itinerários 40; nos meios estudantis e universitários 41; inculturada 42; deve animar os grupos vocacionais 47; deve ser consultada quando da entrada do candidato no seminário 67.

**POBRES** (empobrecidos): opção preferencial 11/141; procedência dos vocacionados 13; sensibilidade ao seu clamor 17; solidariedade efetiva com eles 19; perigo de serem marginalizados no período vocacional 41; amor sincero a eles 139; rosto sofredor de Cristo 139.

**PRESBÍTERO:** transformações sociais 10; quantidade 12; identidade e missão 18; qualidades exigidas 19; atenção à pessoa 20; exigências do ministério 21; maturidade 22; diocesanos e religiosos 26; agentes de pastoral vocacional 33; educador 74; processo formativo 84; equipe de formação 89; comunhão com o presbitério 94; pluralismo 106; amadurecimento humano afetivo 110; inserção na vida do povo 118; espiritualidade trinitária, cristocêntrica e eclesial 122; discípulo e ouvinte da Palavra 127; principal animador da celebração litúrgica 128; dimensão missionária 132/190; obediência 141; formação intelectual 144; motivação pastoral da formação 145; formação filosófica 153; doutrina social da Igreja 157; formação teológica 167; formação permanente 184; formação dos formadores 191; estudos especializados 198.

**PROPEDÊUTICO:** pré-requisitos 50; deve ser uma instituição autônoma 53; seja precedido por um período de discernimento vocacional 54; seus elementos constitutivos 55; etapa de formação voltada para o amadurecimento 56; preparação para a vida eclesial 59; tempo forte de vida comunitária 60; infra-estrutura adequada 62; formadores responsáveis por ele 66; etapa de iniciação do seminário maior 127; estudos literários complementares 153; introdução ao mistério de Cristo 53/ 57/58; a OSIB deve preparar cursos para seus formadores 196.

**SEMINÁRIO:** fase mais crítica 9; motivação dos candidatos na sua procura 15; condições intelectuais dos candidatos ao ingressarem nele 16; deve observar as diretrizes 25; o povo cristão precisa colaborar com sua manutenção 41; menor 46; lugar de discernir a vocação 46; articulação com a PV 48; pré-requisitos para o acesso a ele 50; objetivo do menor 51; vocações adultas não passam por ele 52; período de preparação para ele 52/58; maior 63; instituição que sustenta o processo pedagógico de discernimento 63; residência dos candidatos ao presbiterato 64; condições para o ingresso nele 65/66; documentos necessários 67; interdiocesanos 67; o maior representa o período conclusivo do processo de discernimento vocacional 68; é uma experiência educativa 69/172; pressupõe um número adequado de educadores 70; sua finalidade específica 72; sua organização funcional 73; deve se articular em pequenas comunidades 74; deve ter seu estatuto 75; deverá dispor de professores qualificados 76; colaboração entre Dioceses 77/78; o bispo deve visitá-lo freqüentemente 80; vocações adultas 81; deve formar verdadeiros pastores 82; nele, o futuro presbítero aprenderá o princípio da formação permanente 84; respeito à cultura dos candidatos 87; comunhão com o Bispo 90; regimento interno 91; deve articular suas atividades pastorais com a diocese 97; vida comunitária 102; visa à realização da comunhão fraterna 104; deve manter um clima de confiança e respeito 106; experiência de trabalho 107; formação espiritual 125; deve celebrar o ano litúrgico 128; não deve tolher as expressões pessoais de espiritualidade 134; deve valorizar a piedade popular 137; deve favorecer um crescimento do espírito de obediência e de corresponsabilidade 140; organização dos estudos 150; deverá elaborar seu currículo pleno 162; deve oferecer formação complementar 164; formação permanente 185/189; sua relação com os primeiros anos de ministério 186; seus professores 193.

**SEMINARISTA:** ajuda financeira própria e da família 41/100; experiências pastorais — objetivos e metodologia 94/95; contato pessoal, familiar e com leigos 99; assumir renúncias sem frustrações 117; comunhão com a Igreja Local 121; não deve exercer papel de liderança ou direção 131; importância da oração 135; orientação espiritual 136; opção ao celibato 114; vida simples e humilde 143; formação complementar aos que fazem filosofia em faculdades não eclesiásticas 164.

**VIDA COMUNITÁRIA:** iniciação e aprofundamento 55/60; ritmos temporais precisos 72; é necessário assegurar condições efetivas 101; obstáculos 102; motivação 103; programação 105; planejamento e disciplina 106/119/141; sustentada pela espiritualidade 133.

**VOCAÇÃO:** aumento 13; idade dos vocacionados 14; procedência 15; ponto de vista intelectual 16; objetivo da Pastoral Vocacional 27; compromisso da Igreja 28 e 31; equipes vocacionais paroquiais 29; discernimento 30; responsabilidade dos bispos 32; dos presbíteros 33; da família cristã 34; articulação com a pastoral da juventude, catequese e crisma 35; relação com as CEBs 37; com os diversos grupos e movimentos leigos 38; testemunho dos seminaristas 39; itinerário 40; pobres, indígenas, negros, adultos 42; aptidões humanas e cristãs para o ministério presbiteral 44; seminário menor: lugar para o discernimento 46; grupos vocacionais 47; vocação batismal 57; convicção: requisito para o seminário maior 65; discernimento 68; entrega sincera e total 69; vida comunitária e vocação eclesial 103; critérios básicos de discernimento 109.

## REFERÊNCIAS DO CÓDIGO DE DIREITO CANÔNICO

As disposições do Código de Direito Canônico, contidas nos cânones da 1ª coluna abaixo, estão incluídas nos capítulos e parágrafos dos projetos das Diretrizes Básicas, elencados na 2ª coluna.

| CDC | ASSUNTO | DBFP |
|---|---|---|
| 233 § 1º | Pastoral Vocacional — responsabilidade dos bispos | 28/ 30 |
| 233 § 2º | Pastoral Vocacional — responsabilidade dos presbíteros | 33 |
| 234 § 1º | Seminário Menor | 44 |
| 235 § 1º | Seminário Maior | 642 |
| 237 § 1º | Seminário diocesano | 70/77/78 |
| 237 § 2º | Seminário interdiocesano | 70/77/78 |
| 237 § 3º | Condições para erigir Seminário | 73 |
| 239 § 1º | Reitor | 70 |
| 239 § 2º | Diretor Espiritual | 138 |
| 239 § 3º | Participação | 106 |
| 240 § 1º | Confessores | 138 |
| 240 § 2º | Foro interno e externo | 138 |
| 241 § 1º | Admissão ao seminário maior | 67 |
| 241 § 2º | Atestados | 67 |
| 241 § 3º | Testemunho dos Superiores sobre alunos demitidos | 67 |
| 242 § 1º | Adaptação das Diretrizes Básicas às necessidades pastorais | 24 |
| 242 § 2º | Normas para os seminários diocesanos e interdiocesanos | 25 |

| | | |
|---|---|---|
| 243 | Regulamento | 25/70/91 |
| 244 | Integração da Formação | 69/72/74 |
| 245 § 1º | Formação espiritual | 138/139/145 |
| 245 § 2º | Formação eclesial e comunitária | 108 |
| 246 § 1º | Eucaristia | 131 |
| 246 § 2º | Liturgia das Horas | 130 |
| 246 § 3º | Devoção mariana/rosário | 126/127/139 |
| 246 § 4º | Penitência | 132 |
| 246 § 5º | Exercícios espirituais | 139 |
| 247 § 1º | Educação ao celibato | 143/112 |
| 247 § 2º | Dificuldades | 116 |
| 248 | Doutrina/magistério | 148/169 |
| 249 | Línguas/latim | 165 |
| 250 | Estudos filosóficos e teológicos | 173 |
| 251 | Fundamentos da formação filosófica | 156 |
| 252 § 1º | Fundamentos da formação teológica | 169 |
| 252 § 2º | Sagrada Escritura | 169 |
| 252 § 3º | Formação teológica e disciplinas complementares | 170 |
| 253 | Professores | 70/76 |
| 254 § 1º | Organização didática | 151/171/180 |
| 254 | Unidade e harmonia de toda a doutrina da fé | 172 |
| 255 | Finalidade pastoral dos estudos | 147/149 |
| 256 § 2º | Formação missionária | 96/134 |
| 257 | Sensibilidade com as necessidades de outras Igrejas | 108/134 |
| 258/1032 § 2º | Estágios pastorais | 179 |
| 259 | Bispo/Condições para o conferimento das ordens sagradas | 80 |
| 260 | Obediência ao reitor | 88 |
| 261 | Autoridade da Equipe de Formação | 72/91 |

# AS PRINCIPAIS REFERÊNCIAS À EXORTAÇÃO APOSTÓLICA *PASTORES DABO VOBIS*

| DIRETRIZES | PDV | ASSUNTO |
|---|---|---|
| 18 | 05/12-18 | Identidade presbiteral |
| 28 | 34 | Pastoral vocacional |
| 51 | 63 | Seminário Menor |
| 71 | 66 | Presença de leigos na formação |
| 72 | 61 | Seminário Maior |
| 76 | 67 | Papel dos professores na formação |
| 81 | 64 | Vocações Adultas |
| 86 | 69 | Formando: protagonista da formação |
| 87 | 61 | Renovação da tarefa educativa |
| 104 | 81 | Vida Comunitária |
| 116 | 44 | Educação para a sexualidade |
| 129 | 47 | Familiaridade com a Palavra de Deus |
| 144 | 50 | Educação para o celibato |
| 146 | 51 | Formação intelectual dos candidatos |
| 147 | 51 | Eixo Pastoral da Formação Intelectual |
| 155 | 52 | Importância da Filosofia |
| 172 | 54 | Estudo orgânico da Teologia |
| 186 | 24/70/72 | Formação Permanente |
| 192 | 32 | Solicitude Missionária |

# ABREVIATURAS E DOCUMENTOS CONSULTADOS

CDC: Código de Direito Canônico.

CEC: Congregação para a Educação Católica.

CEC: O ensino da Filosofia nos Seminários, 20.01.1972.

CEC: Orientações para a formação do celibato sacerdotal, 11.04.1974.

CEC: A formação teológica dos futuros padres, 22.02.1976.

CEC: Instrução sobre a formação litúrgica nos Seminários 13.06.1979.

CEC: Doutrina Social da Igreja na Formação Sacerdotal, 1988.

CEC: Diretório para o Ministério e a Vida do Presbítero, 31.03.1994.

CD: *Christus Dominus:* Documento do Concílio Vaticano II, sobre O Múnus Pastoral dos Bispos na Igreja.

CELAM: *La Formación Sacerdotal,* Bogotá 1982, (Contém os principais documentos conciliares e pós-conciliares com amplo índice analítico, edição do DEVYM/OSLAM).

CNBB: Conferência Nacional dos Bispos do Brasil.

CNBB: *Orientações para os Estudos Filosóficos e Teológicos* (Coleção Estudos da CNBB — n. 51).

DBFP: *Diretrizes Básicas — Formação dos Presbíteros na Igreja do Brasil* (Documento da 22ª Assembléia Geral da CNBB, 1984, n. 30 da col. "Documentos da CNBB").

DGAP: Diretrizes Gerais da Ação Pastoral da Igreja no Brasil (Documento da 29ª Assembléia Geral da CNBB, 1991, n.45 da col. "Documentos da CNBB").

DP: Documento de Puebla (Conclusões da 3ª Conferência Geral do Episcopado Latino-americano, 1979).

DPES: Diretrizes sobre a Preparação dos Educadores nos Seminários, 1994.

EN: *Evangelii Nuntiandi:* Exortação Apostólica sobre a Evangelização no Mundo, 1976.

GE: *Gaudium et Spes:* Documento do Concílio Vaticano II, sobre a Igreja no Mundo de Hoje — Constituição Pastoral

LG: *Lumen Centium:* Documento do Concílio Vaticano II, sobre a constituição da Igreja.

OT: *Optatam Totius:* Documento do Concílio Vaticano II, sobre a formação presbiteral.

OSIB: Organização dos Seminários e Institutos de Filosofia e Teologia do Brasil.

PDV: *Pastores Dabo Vobis:* Exortação Apostólica sobre a Formação Presbiteral, 1992.

PPB: *Pronunciamentos do Papa no Brasil.*

PO: *Presbyterorum Ordinis:* Documento do Concílio Vaticano II, sobre o Ministério e a Vida dos Presbíteros.

RM: *Redemptoris Missio:* Encíclica Papal sobre as Missões, 07.12.1990.

RFIS: *Ratio Fundamentalis Institutionis Sacerdotalis* (Diretrizes Básicas para a Formação Sacerdotal, 1970).

SC: *Sacrosanctum Concilium:* Documento do Concílio Vaticano II, sobre a Sagrada Liturgia.

SD: *Santo Domingo:* (Conclusões da 4ª Conferência Geral do Episcopado Latino-americano, 1992).

VMPPV: *Vida e Ministério do Presbítero — Pastoral Vocacional* (Documento da 19ª Assembléia Geral da CNBB, 1981, n. 20 da col. "Documentos da CNBB").

# ÍNDICE

## 1ª PARTE
## CONTEXTO E FUNDAMENTOS

I. Situação da Sociedade ........................................ 12
II. Atuação da Igreja ............................................... 15
III. Motivações dos Candidatos ao Presbiterato ........ 19
IV. Identidade e Missão do Presbítero ..................... 21

## 2ª PARTE
## DIRETRIZES
## NORMAS GERAIS

### 1ª SEÇÃO:
### AMBIENTE FORMATIVO

I. Pastoral Vocacional ............................................ 28
II. Seminários Menores e Institutos Afins .............. 33
III. Período Propedêutico ......................................... 36
IV. Seminários Maiores ............................................ 41

### 2ª SEÇÃO:
### DIMENSÕES DO PROCESSO FORMATIVO
### EIXO PASTORAL DA FORMAÇÃO

V. Processo Formativo ............................................ 50
VI. Formação Pastoral .............................................. 53

VII. Vida Comunitária ........................................ 58
VIII. Formação Humano-Afetiva ........................................ 62
IX. Formação Espiritual ........................................ 66
X. Formação Intelectual ........................................ 76
XI. Estudos de Filosofia e das Ciências Afins ........................................ 81
XII. Estudos Teológicos ........................................ 87
XIII. Organização dos Estudos e Didática ........................................ 90

## 3ª SEÇÃO: FORMAÇÃO PERMANENTE E FORMAÇÃO DOS FORMADORES

XIV. Formação Permanente ........................................ 92
XV. Formação dos Formadores ........................................ 96

## ANEXOS

Plano Progressivo e Integrado de objetivos da Formação Presbiteral ........................................ 100

Índice Temático ........................................ 103

Referências do Código de Direito Canônico ........................................ 115

As principais referências à Exortação Apostólica *Pastores Dabo Vobis* ........................................ 117

Abreviaturas e Documentos consultados ........................................ 119

## Coleção Documentos da CNBB

1 Testemunhar a fé viva em pureza e unidade
2 Pastoral da eucaristia: subsídios
2 A Pastoral dos sacramentos da iniciação cristã
3 Em favor da família
4 Diretrizes gerais da ação pastoral da Igreja no Brasil
5 3º Plano bienal dos Organismos Nacionais – 1975-1976
6 Pastoral da penitência
7 Pastoral da música litúrgica no Brasil
8 Comunicação pastoral ao povo de Deus
9 4º Plano bienal dos Organismos Nacionais – 1977-1978
10 Exigências cristãs de uma ordem política
11 Diretório para missas com grupos populares
12 Orientações pastorais sobre o matrimônio
13 Subsídios para Puebla
14 Pastoral da unção dos enfermos
15 Diretrizes gerais da ação pastoral da Igreja no Brasil
16 5º Plano bienal dos Organismos Nacionais – 1979-1980
17 Igreja e problemas da terra
18 Valores básicos da vida e da família
19 Batismo de crianças
20 Vida e ministério do presbítero: pastoral vocacional
21 6º Plano bienal dos Organismos Nacionais – 1981-1982
22 Reflexão cristã sobre a conjuntura política
23 Solo urbano e ação pastoral
24 Pronunciamento da CNBB – 1981-1982 (coletânea)
25 Comunidades Eclesiais de Base na Igreja do Brasil
26 Catequese renovada
27 Pronunciamentos da CNBB – 1982-1983 (coletânea)
28 Diretrizes gerais da ação pastoral da Igreja no Brasil – 1983-1984
29 7º Plano bienal dos Organismos Nacionais – 1983-1984
30 Formação dos presbíteros na Igreja do Brasil: diretrizes básicas
31 Nordeste: desafio à missão da Igreja no Brasil
32 Pronunciamentos da CNBB – 1983-1984 (coletânea)
33 Carta aos agentes de pastoral e às comunidades
34 8º Plano bienal dos Organismos Nacionais – 1985-1986
35 Pronunciamentos da CNBB – 1984-1985 (coletânea)
36 Por uma nova ordem constitucional: declaração pastoral
37 Pronunciamentos da CNBB – 1985-1986 (coletânea)
38 Diretrizes gerais da ação pastoral da Igreja no Brasil – 1987-1990
39 9º Plano bienal dos Organismos Nacionais
40 Igreja: comunhão e missão na evangelização dos povos, no mundo do trabalho, da política e da cultura
41 10º Plano bienal dos Organismos Nacionais
42 Exigências éticas da ordem democrática
43 Animação da vida litúrgica no Brasil
44 Pronunciamentos da CNBB – 1986-1988 (coletânea)
45 Diretrizes gerais da ação pastoral da Igreja no Brasil – 1991-1994
46 11º Plano bienal dos Organismos Nacionais
47 Educação, Igreja e sociedade
48 Das Diretrizes a Santo Domingo
49 12º Plano de pastoral dos Organismos Nacionais
50 Ética: pessoa e sociedade
51 Pronunciamentos da CNBB – 1988-1992 (coletânea)
52 Orientações para a celebração da Palavra de Deus
53 Orientações pastorais sobre a renovação carismática católica
54 Diretrizes gerais da ação evangelizadora da Igreja no Brasil – 1995-1998
55 Formação dos presbíteros da Igreja no Brasil: diretrizes básicas
56 Rumo ao novo milênio: projeto de evangelização da Igreja no Brasil em preparação ao grande jubileu do ano 2000

57 13º Plano bienal de atividades do Secretariado Nacional
58 Pronunciamentos da CNBB – 1992-1996 (coletânea)
59 Igreja e comunicação rumo ao novo milênio: conclusões e compromissos
60 14º Plano bienal de atividades do Secretariado Nacional
61 Diretrizes gerais da ação evangelizadora da Igreja no Brasil – 1999-2002
62 Missão e ministérios dos cristãos leigos e leigas
63- 15º Plano bienal de atividades do Secretariado Nacional – 2000-2001
64 Diretrizes e normas para as universidades católicas segundo a Constituição Apostólica "Ex Cordi Ecclesiae" – Decreto geral
65 Brasil – 500 anos: diálogo e esperança – Carta à sociedade brasileira e às nossas comunidades
66 Olhando para frente: o projeto "Ser Igreja no Novo Milênio" explicado às comunidades
67 Eleições 2002 – Propostas para reflexão
68 16º Plano bienal de atividades do Secretariado Nacional – 2002-2003
69 Exigências evangélicas e éticas de superação da miséria e da fome – "Alimento, dom de Deus, direito de todos"
70 Estatuto Canônico e Regimento da Conferência Nacional dos Bispos do Brasil (CNBB)
71 Diretrizes gerais da ação evangelizadora da Igreja no Brasil – 2003-2206
72 Projeto nacional de evangelização (2004-2007) – Queremos ver Jesus Caminho, Verdade e Vida
73 17º Plano bienal de atividades do Secretariado Nacional – "Queremos ver Jesus – Caminho, Verdade e Vida" – 2004-2005 (Jo 12,21b.14,6)
74 Diretrizes para o diaconado permanente: formação, vida e ministério do Diácono Permanente da Igreja no Brasil
75 Carta aos presbíteros
76 Plano de Emergência para a Igreja do Brasil – Edição 2004
77 Plano de Pastoral de Conjunto – 1966-1970
78 Pronunciamentos da CNBB – 1997-2003